부족한 것이 없는 사람에게 왜 복음이 필요한가?

IVP(InterVarsity Press)는
캠퍼스와 세상 속의 하나님 나라 운동을 지향하는
IVF(InterVarsity Christian Fellowship)의 출판부로
생각하는 그리스도인을 위한 문서 운동을 실천합니다.

Original edition published by Paraclete Press
as *The Gospel for the Person Who Has Everything* by William Willimon
ⓒ 2020 by William Willimon
Translated and printed by permission of Paraclete Press,
P. O. Box 1568, Orleans, Massachusetts 02653, USA. www.paracletepress.com

This Korean edition ⓒ 2022 by Korea InterVarsity Press
156-10 Donggyo-ro, Mapo-gu, Seoul 04031, Republic of Korea.
All rights reserved.

이 책의 한국어판 저작권은
Paraclete Press와 독점 계약한 IVP에 있습니다.
신 저작권법에 의하여 한국 내에서 보호받는 저작물이므로
무단 전재와 무단 복제를 금합니다.

부족한 것이 없는 사람에게 왜 복음이 필요한가?

윌리엄 윌리몬
이철민 옮김

풍요의 시대를 사는 이들이
복음대로 사는 법

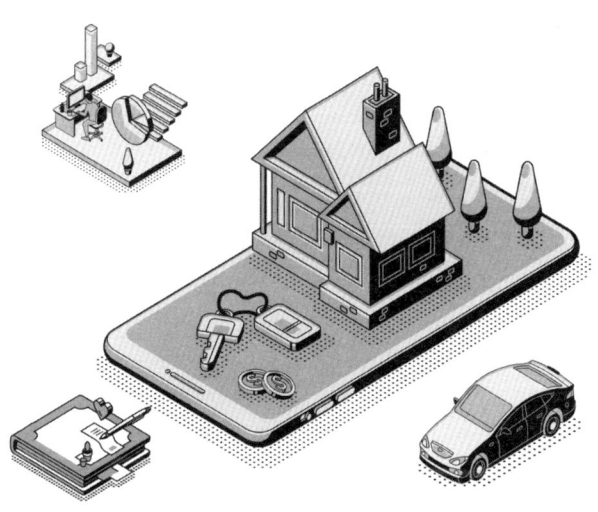

Ivp

The Gospel
for the Person
Who Has
Everything

차례

서문 7

초판 서문 13

1 당신에게는 문제가 있다 19
2 사람들의 무릎 꿇리기 35
3 자기 두 발로 서기 57
4 기독교는 미숙한 자를 위한 것이 아니다 73
5 모든 것을 가진 사람을 위하여 101
6 모든 복의 근원이신 분 121
7 많이 받은 자 137
8 다수의 힘 153
9 장성한 사람을 위한 기독교 171

추천의 글_ 릴리언 대니얼 183
주 195

서문

기념비적 저서 『로마서』(*Romans*)를 집필하고 여러 해가 지난 후에, 위대한 신학자 칼 바르트(Karl Barth)는 세계적으로 유명해진 자신의 책을 다시 읽었다. 한적했던 첫 교구에서 『로마서』를 집필한 이후, 바르트에게는 많은 일이 일어났다. 책을 읽은 뒤 바르트는 이렇게 소리쳤다. "제대로 으르렁댔어, 사자"("Well roared, lion!" 셰익스피어의 『한여름 밤의 꿈』에 나오는 대사—옮긴이). 나는 바르트가 아니고, 이 책 역시 『로마서』가 아니다. 그래도 오래전에 쓴 나의 저작이 다시 교회 앞에 준비되고 있다니, 뿌듯하고 영광스럽다.

신학교를 졸업하고 몇 해 뒤, "이보게, 최선을 다해 보게. 아마 한두 해 안에 자네를 구해 줄 수 있을 걸세"라고 약속했던 어느 감독 때문에 회중 속에 갇힌 한 젊은 목회자를 그려 보라. 트리니티 연합 감리교(Trinity United Methodist)의 선량한 인사들이 예산을 약속하거나 비가 새는 천정을 고쳐 주지 않은 채, 두 해가 흘러갔다. 그런데도 듀크 대학교 신학대학원(Duke Divinity School)은 웬일인지 경험도 부족하고 성공과는 거리가 먼 나를 초청하여 신학생들을 가르치게 하는 게 현명하다고 생각했다. 학과장은 "출판합시다!"라는 말로 함께 환영해 주었다. 그래서 나는 부엌 식탁에 앉아 「크리스채너티 투데이」(Christianity Today)에 실린 내 글 가운데 하나를 고쳐 썼고(담당 편집자는 "축하합니다. 신참 저자는 대개 이렇게 많은 비난 메일을 받지 못하거든요"라고 말했다), 트리니티 연합 감리교회에서 전했던 나의 설교 대여섯 편을 한데 묶어, "모든 것을 가진 사람을 위한 복음"(The Gospel for the Person Who Has Everything)이라는 제목을 붙였고, 나의 첫 번째 '교회용 책자'를 출간했다.

오슨 웰스(Orson Welles)는 한 사람의 최고 저작은 35세 이전 혹은 70세 이후에 완성된다고 했다. 물론 70대에 이른 나는 지금 별로 창의적이지 못하다고 느끼지만, 이 작은 책자의 끈질긴 생명력은 웰스가 반쯤 옳았음을 입증한다고 하겠다. 40년이 지나, 검증되지 않은 30세 풋내기 설교자의 저작이 다시 생명을 얻는다. 스탠리 하우어워스(Stanley Hauerwas)를 만나기 전, 듀크 채플과 감독으로 봉사하기 전, 여든 권의 다른 책을 저술하기 전, 젊은 시절에도 내가 그렇게 형편없는 설교자는 아니었다는 것이 기쁘다.

나는 『부족한 것이 없는 사람에게 왜 복음이 필요한가?』를 다시 읽으면서 깜짝 놀랐다. 초기부터 나는 이미 40년 목회 사역을 특징짓는 몇몇 주제를 다루고 있었다. 그동안 나는 변했고 성장했지만, 내가 생각했던 것만큼은 아니었다. 물론 아직 그 영향 아래 있지만, 나의 여러 논의의 배후에는 칼 바르트가 있었다. 또한 키르케고르(Kierkegaard)도 있었다. 이 책에는 모든 사람을 위한 바르트와 본회퍼(Bonhoeffer)가 있다. 즉 은혜와 율법은 동일하신 하나님의 동일한 사역의 두 측면이고, 하나님은 우리보다 훨씬 더 흥미로운 분이시며, 구원은 본질적으로 소명과 결부되어 있다. 물론 바르트는 나의 변증적 의도를 탐탁지 않게 여길 테고, 본회퍼는 나의 몇몇 해석에 이의를 제기할 것이라는 단서를 달아야 한다. 이 책은 섬기라는 그리스도의 부르심과 어려움에 처한 이들을 위한 사랑의 실천, 그리고 칭의만큼이나 중요한 성화를 강조한다는 점에서 대단히 웨슬리적이다. 그리스도는 우리의 삶에서 불행을 살짝 덜어 내기 위해서가 아니라, 우리의 삶이 그분의 세상에서 그분이 사랑하는 이들을 위한 그분의 사명의 일부로 여겨지게 하기 위해 우리를 부르신다. 따라서 현대 어휘로 번역된 고색창연한 웨슬리 방식의 전도가 여기 있다.

오럴 로버츠(Oral Roberts)와 문선명, 에리히 프롬(Erich Fromm)에 관한 시대에 뒤진 언급이 있지만, 나는 이 책의 주요 관심사가 계속 타당성을 갖고 있다는 인상을 받는다. 좀 억지스럽긴 하다. 주로 우리 자신이 규정한 필요를 충족시키기 위해 그리스도가 우리 가운데 계신다는 인식, 곧 예수님은 우리의 문제를 해결하고 우리의 불만을 달래기 위해 오신 다소 원시적 치유 기술자시라는 인식은 무너뜨리기 힘든 이단이다. 이 책에서 나는 여러분이 무엇이든 예수님 외에 가져야 한다고 여기는 그것을 예수님이 주시려고 여기 계신다는 인식을 거부하기 위해 시작했다. 내가 듣는 상당수의 설교, 또 내가 전하는 몇몇 설교에 근거하여 판단하건대, 이 책을 쓴 나의 목적―펠라기우스주의를 물리치는 것―은 아직 달성되지 않았다.

바로 이번 주에 내가 참석한 어느 교회 예배에서는 목사가 다음과 같이 애처로운 말로 예배를 시작했다. "우리는 인종 차별과 성차별, 세대 갈등, 인간중심주의 한복판에서 상처 입고, 걱정하고, 신음하며, 답을 구하고, 탄식하면서 여기 있습니다."

백인 일색인 중상류층 회중을 둘러보면서, 나는 그들의 모습이 제법 훌륭하다고 생각했다. 우리처럼 상대적으로 부유한 현대 북미인들로 이루어진 회중에게 과연 더 자기중심적이고 자기만족적인 목회적 격려가 필요할까? 예배가 매주 우리의 선천적 나르시시즘에 깊이 침잠하는 시간으로 축소될 수 있을까?

우리의 신학적 질병에 도덕주의적 치유 이신론(moralistic therapeutic deism)이라는 이름을 붙여야겠다고 깨닫기 수십 년 전에, 이 작은 책은 일부 약점이 있긴 하나, 이 질병을 진단했다. 바울의 "하나님의 복음"(롬 1:1-4)을 우리가 하나님께 원하는 것을 얻는 방편으로 변질시키려는 우리의 시도는 끈질기게 되풀이된다. 하지만 복음은 하나님이 우리에게서 원하는 것을 얻는 하나님의 방편이다.

감리교도들은 하나님에 관한 얘기가 끝나면, 우리 자신에 관한 얘기를 즐긴다. 여러분의 교회에서는 어떤가? 하나님이 없다면, 우리는 트집잡기식의 도덕주의와 달달한 감상주의라는 최악의 과잉 속에 기꺼이 머리를 처박을 것이다. 몇 가지 눈에 띄는 실수를 제외하면, 하나님의 은혜로 이 책은 그 두 가지에서 모두 비껴갈 수 있었기에 기쁘다. 이 책의 제목은 인간의 필요를 가늠하려는 나의 시도가 아니라 '복음'이라는 단어로 시작된다(원서 제목의 첫 단어가 '복음'이다—옮긴이). 바로 모든 세대의 세상을 향해 교회가 말해야 할 가장 흥미로운 (그리고 궁극적으로 진실한) 단어다.

분명 이 책에는 어색한 문구와 약간의 어설픈 예화, 오글거릴 만한 어구 한두 개가 있다. 물론 나는 우리의 목회가 "정상에 오른 사람보다 궁지에 몰린 사람"에게 더 편안하게 다가간다고 언급하는 첫머리 문장을 좋아하지만, 조엘 오스틴(Joel Osteen)이 내뱉는 진부한 말과 비슷하게 들리는 문단으로 이 책을 끝마치고 싶지 않았다. 그런 이유로, 내가 아는 한 가장 선명한 시각으로, 위험을 감수하면서 있는 그대로 말하는, 진부한 구석이라곤 없는 설교자 릴리언 대니얼이 내 젊은 시절의 경솔함을 못 본 척하고 이 책에 추천의 글을 써 주었다는 사실에 한층 더 고마움을 느낀다.

일부 흠이 있긴 하나, 여전히 나는 사람들의 귀를 사로잡고 싶어 하는 이 책의 직설 화법이 제법 마음에 든다. 보잘것없는 작은 감리교 회중 출신의 서른한 살 신참 신학 교수였던 나 자신에게 놀라운 점은, 수준 높은 나의 신학 동료들이 어떻게 생각할지, 혹은 나의 경험 부족과 무지 때문에 자격을 박탈당하지나 않을지 등의 걱정을 제쳐 두고, 사람들이 마땅히 들어야 할 하나님의 복음을 그냥 말하는 자기 확신이 있었다는 사실이다. 당시 나에게 자기 확신이 있었다는 기억은 없다. 교회의 회계 담당자가 어떤 목회자에게도 멋쩍다는 듯 "이 식객 같은 성도들이 헌금을 더 내게 만들 방도를 찾지 못하면 이번 달 사례비는 못 받으실 겁니다"라고 말하는 경우는 없었지만, 300명 규모의 회중은 내 안에 확신을 심어 주지 않았다.

따라서 나는 이 책에 어떤 장점이 있다면, 그것은 한 젊은 설교자의 침착하거나 단단한 학문적 준비가 아니라, 나같이 자격 없는 사람들을 붙들어, 심지어 그들이 인식하지도 못하고 준비도 형편없음에도, 선한 목적에 사용하시는 무모한 하나님 덕분이라 믿는다. 아마도 내가 이 책에서 위험 감수와 소명에 대해 많이 얘기하는 이유는, 임직 받아 사역하던 3년 동안 하나님이 말씀을 전하기 위해 모든 사람 가운데 나를 택하셨다는 충격에 내가 여전히 휘청거리고 있었기 때문일 것이다.

이렇듯 부르시는 하나님 곧 성부, 성자, 성령 하나님은 이 책을 저술한 풋내기 설교자보다 훨씬 흥미진진한 분이시다. 다만 나는, 그 하나님이 전하셨고 그분 안에서 구현된 복음이 나와 이 책을 설명해 준다고 담대히 믿을 뿐이다.

초판 서문

개신교 신학과 설교는 정상에 오른 사람보다 궁지에 몰린 사람에게 한결 더 잘 어울린다. 성 아우구스티누스(Saint Augustine)를 뒤따랐던 마르틴 루터(Martin Luther)를 따라, 우리는 인간의 가장 큰 죄가 교만과 자기주장이라고 생각한다. 극도의 무력함과 총체적 비참함을 인정하는 것은 대개 구원에 이르는 과정에서 필요한 첫걸음이라고 여겨진다.

우리의 복음은 억눌린 자와 소외된 자, 마음이 상한 자, 불행한 자에게만 알맞게 맞춰진 것 같다. 우리는 슬픈 자를 위로하고 눌린 자를 북돋우는 적절한 임무를 수행한다고 생각한다. 하지만 우리 가운데 있는 강한 자, 성숙한 자, 기뻐하는 자 들에게 우리는 무엇을 말하는가?

교구 목사로서 나의 역할을 감당하면서 자주 만나는 남자들과 여자들은, 내가 관찰할 수 있는 모든 부분에서 행복하고 만족스러운 사람들이다. 그들 중에는 부유한 사람도 있고, 가난한 사람도 있다. 그들 가운데 몇몇은 사업이나 전문직에서 유력한 지도자도 있고, 일부는 드러나지 않는 역할로 자기 소명을 다하는 사람도 있다. 내가 말하는 이 사람들에게는 성숙과 인격적 힘이라는 공통의 특징이 있다. 그들은 내가 아는 대부분의 교회에 절실하게 필요한 통합적이고, 지혜롭고, 균형 잡힌 유형의 사람들인 것 같다.

그런데 내 경험에 따르면, 이들은 교회와 제대로 관계를 맺지 못하는 사람들이기도 하다. 그들은 다른 데서 자신의 성취, 자신의 도전, 자신의 지원을 찾는 것 같다. 어떤 목사가 자기 회중을 위해 이런 사람들을 탐내지 않겠는가? 그들은 모든 회중에게 필요한 역동적 리더, 진취적 교사, 지지하고 보살펴 주는 사람이 될 수 있다. 하지만 그들이 교회를 향해 사실상 "고맙지만 사양합니다. 나는 교회 없이 지낼 수 있어요"라고 말한다고 한들, 누가 그들을 비난할 수 있겠는가? 아마 교회의 메시지와 삶이 오로지 비참한 사람들과 슬픈 사람들에게만 쏠려 강한 사람들과 기쁜 사람들이 배제되기에 이른 것 같다.

오랫동안 나는 이 사람들에게, 교회 없이는 정말로 잘 지낼 수 없고, 그들이 생각하는 것만큼 **정말** 행복한 것도 만족스러운 것도 아니라고 말하려고 노력했다. 그런데 이제 나는 생각을 고쳐먹고 있다. 어쩌면 그들은 **정말** 행복하고 만족스러울지 모른다. 어쩌면 우리의 설교와 신학은 그들을 완전히 배제했는지 모른다. 참으로 복음을 듣기 위해 우리는 슬프고, 우울하고, 죄와 부패에 빠지고, 미숙하고, 아이처럼 의존적이어야만 하는 걸까?(1장과 2장을 보라.)

나는 그렇게 생각하지 않는다. 나는 교회가 비참한 사람과 박탈당한 사람, 소외된 사람, 약한 사람, 의존적인 사람 들에게 해 줄 무언가 좋은 말을 어느 시대에나 갖고 있었다는 사실을 기쁘게 여긴다. 우리는 그런 사람들에게 무언가 할 말이 있었고, 가끔 우리는 하나님의 은혜로 적절하게 말해 왔다. 이제 나는 우리 자신에게 이렇게 묻고 싶다. "우리는 강한 사람들에게 무슨 말을 해야 하는가?"(3장과 4장을 보라.)

이 책은 모든 사람을 위한 것은 아니다. 나는 여기서 특정한 그리스도인 그룹과 잠재적인 그리스도인들에게 말하고 있다. 나는 강한 사람들에게, 또한 약하지만 더 강해지고 싶은 사람들에게 얘기하고 싶다. 나는 이런 힘 있는 사람들에게 어떠한 필요도 없다고 말하지 않는다. 도리어 그들은 특별한 종류의 복음적 메시지가 필요한 사람들이다. 그들 역시 죄인이지만, 그들의 죄는 약한 사람들의 죄와는 다르다(5장). 그런 다음 우리는 하나님의 강한 사랑을 진지하게 받아들이는 예배(6장)와 그 사랑에 대한 우리의 응답에서 우러나오는 윤리(7장)에 대해 얘기할 것이다. 마지막으로, 우리는 지속적인 성장과 점점 확장되는 책임의 장소인 교회에 대해 얘기할 것이다(8장과 9장). 처음 여러 장에서 설교와 가르침을 논하지만,

나는 설교를 몇몇 주요 논점의 예시로만 사용한다. 다시 말해, 나는 설교를 하는 사람들은 물론이고 설교를 듣는 사람들을 위해서도 이 책을 쓰는 셈이다.

내가 최근에 섬긴 교회에서는 이 책에 담긴 많은 아이디어들을 낼 수 있도록 도움을 준 성인 토론 그룹이 있었다. 이 책을 쓰는 동안, 그 평신도 그룹이 계속 내 마음에 머물렀다. 나는 소그룹 토론에 적합하도록 각 장을 짧게 유지하려고 노력했다.

마지막으로, 나는 여기서 사우스캐롤라이나에 있는 브로드 스트리트(Broad Street)의 옛 회중들과 트리니티 연합 감리교회에게, 또한 듀크 대학교 신학대학원 학생들에게 내가 큰 빚을 지고 있음을 고백한다. 이들은 우리의 인간적 연약함을 빌미로 우리를 절망에 빠뜨리기보다는 하나님이 주신 힘 위에 우리를 세움으로써 구원하는 것이 기독교 신앙의 영광임을 내가 깨닫도록 맨 처음 도움을 주었다!

여호와는 나의 힘이요 노래시며,

나의 구원이시로다.

그는 나의 하나님이시니 내가 그를 찬송할 것이요,

내 아버지의 하나님이시니 내가 그를 높이리로다.

모세의 노래
출애굽기 15:2

1
당신에게는 문제가 있다

내가 살고 있는 나라와 내가 속한 기독교 전통에서, '간증'은 중요하다. 간증이란 대개 누군가가 사람들 앞에 서서 하나님이 자기에게 어떤 일을 행하셨는지 공개적으로 증언하는 시간이다. 일종의 영적 자서전인 셈이다. 많은 교회에서 일요일 오전 예배의 한 순서로 간증을 한다. 가끔 간증은 소규모 모임에 국한되기도 한다.

나 자신은 한 번도 간증을 해 본 적이 없다(용기를 내서 이 장 마지막에 하나 적어 보기 전까지는 말이다). 하지만 나는 다수의 간증을 들었고, 언제나 다른 사람들의 간증에 흥미를 느꼈다. 십중팔구 우리는 서로 자신의 인생 이야기를 하면서 깨달음을 얻는다. 그런데 당혹스러운 사실은 내가 들어 본 거의 모든 간증에는 예외 없이 진부하고, 구태의연하고, 뻔한 패턴이 존재한다는 점이다. 그 패턴은 대개 이런 식으로 흘러간다.

나는 비참했어요. 그동안 살아온 삶에 대한 죄책감 때문에, 상심했고 괴로웠습니다. 온갖 방법을 동원해 보았지만, 아무런 효과가 없는 듯했습니다. 그때 예수님을 만났습니다. 그리고 그분께 내 삶에 들어와 주시도록 요청했습니다. 그때부터 내 삶은 기쁨으로 충만해졌습니다.

이런 경험이 사람에게 일어날 수 있다는 것은 놀랄 일이 아니다. 신약성경에는 고통받던 사람들의 삶이 그리스도와 새로운 관계를 맺은 뒤 변화한 이야기가 여럿 담겨 있다.

내가 의아하게 여기는 점은, 이것이 **모든 사람**을 위한 유일한 패턴이어야 하는가다. 우리는 복음서에서 '나는 비참했어요. 그때 예수님을 만났습니다' 유형의 회심 경험이 나타나는 여러 사례를 찾기 위해 열을 올릴 것이다. 성경에서 사람들이 여러 방식으로 하나님께 부름받았음을 주목하라. 부유하고 풍족하던 사막 족장 아브라함은 어느 날 밤 별들을 바라보고 있었다. 모세는 광야에 숨어 사는 살인자였다. 이사야는 성전에서 기도하던 중이었다. 베드로는 물고기를 잡고 있었다. 나무에 올라간 키 작은 남자는 호기심을 느꼈다. 마태는 돈을 헤아리는 업무에 열중해 있었다. 바울은 경건한 심부름을 수행하고 있었다. 우리는 모두 개별적 인격체다. 우리는 모두 각양각색의 이름과 얼굴, 그리고 종종색색의 장점과 약점을 지니고 있다. 성경에 따르면, 하나님이 특정한 방식으로 우리와 접촉하기로 작정하실 때 항상 우리 각 사람의 이름을 부르신다. 성경은 하나님이 우리를 한 가지 방식으로만 부르시지 않는다고 말하는 것 같다. 예수 운동(Jesus Movement)의 '하나의 길'(One Way) 티셔츠와 범퍼 스티커는 실수다. 그런데도 내가 들어 본 간증의 90퍼센트는, 누구든 먼저 적절한 불행 상태에 도달하지 못하면 그에게는 하나님이 말씀하실 수 없다고 믿게 만든다.

우리에게 익숙한 '나는 비참했어요. 그때 예수님을 만났습니다' 간증 패턴은, 성경이 전하는 간증 방식의 산물이라기보다는 부분적으로 성경 시대 이후의 몇몇 이름난 사람들의 간증이 만들어 낸 산물이다. 바울은 '나는 비참했어요. 그때 예수님을 만났습니다' 구원 패턴에 어울리는 최고의 사례로 인용되곤 한다. 이 책 3장에서 나는 어째서 바울의 회심이 전혀 그런 방식이 아니었는지 보여 주려고 한다. 사실, '나는 비참했어요. 그때 예수님을 만났습니다' 패턴은 후대의 여러 그리스도인에게서 기인한다. 젊은 시절에 뿌려 놓은 방종으로 겪어야 했던 아우구스티누스의 죄책감과 괴로운 양심, 마침내 자비로운 하나님 인식으로 이끌었던 마르틴 루터의 오랜 자기 성찰의 몸부림, 그리고 마음이 '이상하게 따뜻해졌을' 때 마침내 자기 의구심이 누그러졌던 존 웨슬리(John Wesley)의 힘겨운 추구, 이 모두가 우리 기독교 회심 전승의 일부가 되었다. 이런 경험들이 우리 전승의 일부가 되었기에, 다른 유사한 회심과 더불어, 이런 경험들은 하나님과 관계를 맺는 **유일한** 전형적 방식이 되었다.

하지만 성경은 이러한 전형적 방식이 하나님께 가는 유일무이한 경로가 아님을 일깨워 준다. 아우구스티누스와 루터, 웨슬리는 결코 자신의 경험이 구원을 얻는 일련의 규범이 되어야 한다고 의도하지 않았을 것이다. 하지만 그들의 간증은 더없이 극적이고, 그들은 자신의 간증을 특히 효과적으로 전했고, 그들의 뒤를 따르는 나머지 우리들은 하나님께 이르는 자신의 길을 찾는 데 그다지 독창적이지 못했다.

간증은 나에게 다른 문제들도 야기했다. 개인적으로 말하자면, 내 삶의 이야기는 앞에 나와 자신의 이야기를 들려준 대부분의 사람들만큼 흥미롭게 보이지 않았다. 나는 죄인이었지만, 아주 극적인 죄인은 결코 아니었고, 아주 매력적인 죄인도 결코 아니었다. 내 과거에는 나 역시 당당하지 못한 수많은 걸림돌과 행위가 있었다. 하지만 내가 죄와 극도의 악행에 젖어 있던 동안에도 구미를 당길 만한 칙칙한 에피소드가 전혀 없다는 사실은 자랑할 수 있다.

또한 나는 심각한 회의나 고뇌하는 믿음으로 몸부림치는 일은 한 번도 겪지 않았다. 많은 사람들이 청소년기 후반에 겪는 실존적 **불안**은 나를 비껴간 것 같았다. 나에게도 의문은 있었고, 나는 가끔 온건한 인습 타파론자였다. 하지만 이런 것은 아주 짜릿한 간증을 전혀 만들어 내지 못한다. 불운하게도 나는 온화한 기독교 분위기의 교회에서 성장했고, 적어도 내 삶은 대부분 그런대로 행복했던 것 같다. 한마디로, 내 인생 이야기는 '나는 비참했어요. 그때 예수님을 만났습니다' 패턴에 전혀 들어맞지 않는다.

신학적 측면에서, 나는 전형적인 간증 모티프에 대해 몇 가지 다른 문제점을 느꼈다. 무엇보다 먼저(내가 공정하지 못할 수도 있다), 내가 들었던 간증들은 일종의 종교적 자기 의에 빠지기 일쑤였다. 그들의 간증은 의심할 나위 없이 자신에 대해 "나는 대학원생 그리스도인, 당신은 유치원생 그리스도인"이라고 말하는 것처럼 들린다. 그들의 간증은 "내가 예수님을 만난 뒤" 또한 "그리스도께 내 삶을 바치기로 결심했을 때" 따위의 진부한 표현으로 가득하다. 내가 아는 성경 지식에 비추어 볼 때, 성경에 담긴 이야기는 대개 우리가 예수님을 찾았다고 자랑할 수 없는 것들이다. 실은 예수님이 **우리를** 찾아오신다. 또한 관건은, 내가 하나님에 대해 무엇을 결단하느냐가 아니라, 하나님이 그리스도 안에서 **나를** 위해 결단하셨다는 점이다.

언젠가, 자신이 어떻게 '예수 그리스도를 주님으로 받아들였는지' 떠벌리고 다니는 어떤 남자의 이야기를 들은 마르틴 루터가 (평소의 퉁명스러운 태도로) 이렇게 말했다. "그게 무슨 대수요! 당신은 대체 무엇 때문에 스스로 대견해하고 있소? 어떤 부자가 거리에서 가난한 사람에게 다가가 1백 달러가 들어 있는 자루를 건네주고, 가난한 사람이 그 선물을 받아들인다고 쳐 봅시다. 가난한 사람이 '이 보시오. 나는 1백 달러 선물을 받을 만큼 현명하고 선량하다오'라고 떠벌리며 다닌다면, 얼마나 우스꽝스럽겠소?"

마지못해 미적지근하게 그리스도를 받아들인 나는 언제나 나를 먼저 전심으로 받아들여 주신 하나님 앞에서 무색해진다.

둘째로, '나는 비참했어요. 그때 예수님을 만났습니다' 패턴 배후에서 감지되는 미묘한 자기중심성이 나를 불편하게 한다. 나는 기독교가 일종의 보상이라는 개념을 거부한다. 온갖 골칫거리와 상처, 의심과 우울증, 슬픔과 아픔을 치유해 달라고 간청하며 하나님께 나아갔다가, 그 뒤에 이렇듯 본질적으로 자기중심적이고 자기 이익에 부합하는 종교에서 벗어나 하나님에 대한 찬양과 섬김이 그 중심에 있는 종교로 옮아가는 것이 어떻게 가능한지 나는 모른다. 자기중심성("하나님, **나를** 불행하지 않게 해 주세요. **나를** 행복하게 해 주세요. **나를** 만족시켜 주세요") 때문에 믿음에 이른 사람이 급기야 예수님의 생애와 가르침에서 보는 것 같은 이타성에 어떻게 도달하는지 나는 모른다. 기독교를 자신의 의존성을 지지해 주는 받침대로 만들었던 사람이 어떻게 결국에는 두 발을 딛고 하나님의 자녀로 설 수 있는지 나는 모른다. 설교자들이 대담하게 복음의 윤리적 요구 몇 가지를 언급할 때 많은 사람들이 놀라고 약간 혼란을 느끼는 것도 별로 이상하지 않다. 그들 중 상당수는 오로지 상급만 기대하면서 신앙에 입문했고, 따라서 책임에 관한 이런 모든 논의에 혼란을 느낀다.

'나는 비참했어요. 그때 예수님을 만났습니다' 패턴에서 내가 느끼는 세 번째 신학적 문제점은, 이 장에서 내가 제시하고자 하는 주요 논점과 관련 있다. 기독교란 온갖 것을 시도해 보았다가, 이제 극도의 절망 속에서 하나님을 '시도'해 보기로 결심하는 비참한 사람의 마지막 소망에 불과하다는 인식이 나를 난감하게 만든다. 나는 이를 '참호 안에는 무신론자가 하나도 없다' 신드롬이라고 부른다. 저 바깥 전쟁터의 '참호 안에는 무신론자가 하나도 없다'는 케케묵은 주장은 하나님이나 우리 자신에게 아무런 득이 되지 않는다. 우리의 패배가 분명할 때, 전투가 격화되고 포탄이 공중에서 터질 때, 우리의 기지가 반 토막 나서 겁에 질렸을 때, 그때 당연히 우리는 무엇이든 기꺼이 시도해 보려고 할 것이다. 심지어 하나님까지도 말이다. 하지만 이것이 특별히 믿음에 이르는 고상한 길일까? 이것이 하나님께 가까이 가는 하나의 길일 수 있겠지만, 이것이 가장 바람직한 길인지 의문스럽다. 이럴 때 우리는, 힘든 시기에 봉착하여 무언가 급전이 필요할 때까지 한 번도 편지를 쓰거나 방문한 적이 없는 먼 사촌과 아주 비슷한 처지에 놓인다. 우리 중 누구라도 참호 서약과 회심이 얼마나 얄팍한지 증언할 수 있다. 우리 모두 얼마나 여러 차례 이렇게 약속했던가? "하나님, 제가 이 문제에서 벗어나게만 해 주신다면, 이렇게 하겠습니다." 포격이 멈추고 안전하다고 느낄 때, 참호 속 회심이 덧없다는 건 주지의 사실이다.

만약 이렇게 간증하는 사람이 있다면, 기독교 복음의 능력에 얼마나 더 큰 득이 되겠는가.

나는 행복하고 풍족했습니다. 나에겐 매일이 순전한 기쁨이었고, 삶은 축복의 소낙비였지요. 그때 예수님은 나 자신을 위한 이기적인 행복 추구와 나 자신의 문제에 대한 집착을 넘어선다면, 내 삶에 얼마나 더 큰 기쁨이 있을지 보여 주셨습니다. 나는 다른 사람을 위해, 또한 예수님과 그분의 사역을 위해 내 삶을 희생하면서, 나보다 훨씬 원대한 무언가를 위해 나의 복을 사용하면서 진정한 삶을 찾았습니다.

그런데 이것이야말로 우리가 복음으로 증언하거나, 설교하거나, 가르치지 않는 것이다. 우리는 일종의 외부적 지배 혹은 구조를 추구하는 이들에게만 복음이 되는 믿음을 제시하는 것 같다. 기독교는 오직 '영혼의 어두운 밤'을 통과하는 길고, 괴롭고, 고통스런 여정의 끝자락에서만 얻는 저 더없이 행복한 보상으로 비친다. 이 천상의 양식은 불행과 공허를 겪음으로써 혹은 죄와 부패의 환락에 잔뜩 질려 버림으로써 먼저 식욕이 동한 이들만 누릴 수 있다.

내가 주목한 것은 '나는 비참했어요. 그때 예수님을 만났습니다'라는 구원 구도와 상관없는 듯 보이는 많은 사람이 존재한다는 사실이다. 나는 그들을 '강한 자들'이라고 부른다. 그들은 '참호 안에는 무신론자가 하나도 없다' 신드롬이나 '선 불행, 후 구원' 회심

패턴과 상관없는 인격적 힘 같은 것을 보여 준다. 이런 사람들은 교회에 출석하지 않음으로써 또한 믿음에 관심을 보이지 않음으로써 우리에게 무언가 말하고 있는 것 같다. "만약 이게 기독교의 전부라면, 나는 기독교 없이 지낼 수 있어요."

그들은 적당히 행복하고, 풍족하고, 만족스러운 것 같다. 그들의 삶은 기본적으로 삶을 즐길 수 있을 만큼 충분한 의미와 충분한 균형, 충분한 자존감을 갖고 있는 것처럼 보인다. 나는 그들이 '종교적'이라고 말하는 것도 아니고, 그들이 '그리스도인'이라고 주장하는 것도 아니다. 나는 단지 그들이 교회에 필요하고, 또한 믿음의 실천에 성숙하고, 통합적이고, 강한 개인들인 것 같다고 말할 뿐이다. 우리는 그들과 함께 무엇을 해야 할까?

우리가 대개 그들과 함께 무엇을 하는지 말해 주겠다. 우리는 대개 이렇게 말함으로써 그들을 머쓱하게 만들려고 애쓴다. "당신은 자신이 행복하고, 풍족하고, 쓸모 있고, 성숙하다고 **생각**하겠지요. 하지만 사실 당신은 불행합니다. 당신에게는 한 가지 문제가 있는데, 당신의 문제는 자기기만과 오만으로 가득해서 당신에게 문제가 있다는 사실을 깨닫지 못하는 겁니다. 그게 바로 당신의 문제입니다." 우리의 행동은 어느 건강염려증 환자를 떠오르게 한다. 그 사람은 너무 많은 현실과 상상 속 질병으로 고통당한 나머지, 마침내 건강을 되찾았을 때, 자신의 건강이 무언가 새롭고 낯선 질병이라고 확신하기에 이르렀다!

그런데 다시 생각해 보자. 강해지는 것은 질병이 아니라 구원이다. 내가 보기에, 우리는 이런 강한 이들이 우리 모두가 갖고 싶어 하는 그런 유형의 인간성에서 아주 멀지 않다는 사실을 마음속 깊이 알고 있다. 우리는 불행이 없는 듯한 그들의 모습, 자족할 줄 아는 듯한 태도, 혐오스러운 자아실현 감각, 그들이 겉으로 보여 주는 자기만족의 태도, 그들의 오만한 자기 성취감에 큰 위협을 느낀다. 어떤 사람이 짓누르는 죄책감이나 참담한 절망의 고통을 겪지 않는다면, 복음이 그런 사람에게 해 줄 수 있는 말은 거의 없다는 게 우리가 그들에게 보이는 반응에서 드러나는 것 같다.

최근에 나는 인근 한 대학에서 캠퍼스 사역을 지도하는 친구와 대화를 나누고 있었다. 나는 그에게 어떤 유형의 학생들을 캠퍼스 사역 센터에 끌어 모으는지 물었다. "아, 우리는 한 가지 유형의 학생들만 끌어 모은다네. 우리는 나약한 학생들만 데려와. 우리는 외로움을 느끼거나 계속 우울해하거나 어울리지 못하거나 캠퍼스에서 듣고 보는 것 때문에 겁내는 학생들을 데려온다네. 우리는 인기 있는 학생들이나 총명한 학생들을 모으지 않아. 리더가 될 만한 사람들은 다른 데서 지도력을 발휘해. 자기 확신에 찬 학생들은 우리가 가진 것이 필요하지 않은 것 같더군. 우리는 여기 오는 것 말고 더 나은 일을 할 수 없는 학생들을 모으지."

이런 대화는 대학 캠퍼스뿐 아니라, 거의 다른 모든 곳에서 우리가 구축한 기독교의 매력에 관한 암울한 묘사다. 애석하게도, 우리가 가진 믿음은 슬퍼하는 이들에게 전할 독특한 위로의 말을 갖고 있다. 우리에게는 병든 자에게 치유를, 얽매인 자에게 자유를, 소외된 자에게 환대를 선언하는 주님이 계신다. 하지만 우리가 존재하는 이유가 이런 사람들만 위해서일까? 예수님은 약한 자들에게 긍휼을 품으셨다. 그분은 병자를 치유하셨다. 하지만 예수님은 힘 있는 사람들, 곧 삭개오처럼 부유한 사람들, 베드로처럼 크고 건장한 육둥이들, 바울 같은 지성인들을 외면하지 않으셨다. 다행히, 예수님은 너무 훌륭한 의사시기에 모든 사람에게 똑같은 약을 주지 않으신다! 그분은 젊은 부자 관원에게 재산을 전부 포기하라고 말씀하셨지만, 삭개오에게는 그의 믿음이 요구하는 대로 재산을 사용하게 하셨다. 예수님은 니고데모에게 믿음에 대해 훨씬 자세히 설명하셨지만, 건장한 어부 베드로에게는 그냥 "나를 따라오너라"는 말만 건네셨다.

나는 우리가 모든 사람에게 똑같은 약을 준다는 인상을 받는다. 우리는 개별 진단을 하기 위해 시간과 수고를 쏟지 않는다. 빅터 보르게(Victor Borge)는 병을 고칠 치료제를 찾아다니느라 모든 시간을 허비했던, 유별나지만 우스꽝스러운 늙은 삼촌 이야기를 전해 준다. 유일한 문제는 그의 삼촌이 발명한 치료제에 들어맞는 질병이 하나도 없었다는 것이다! 삼촌은 숙모가 걸리지 않은 질병을 치료하는 약을 숙모에게 주었고, 다음 날 그 치료제 때문에 숙모가 돌아가시면서 비극이 몰아닥쳤다! 교회에서 우리는 사람들에게 그들이 걸리지 않은 질병의 치료제를 주려고 애쓰고 있지 않은가?

만약 이런 강한 이들이, 기독교 신앙이란 의존이 필요한 이들을 위한 아편, 정서적 약골들을 위한 보호용 온실, 혹은 지적 꼬맹이들을 위한 단순한 인생 설명서에 지나지 않는다고 단정한다면, 아마 우리 자신과 우리의 단순한 신학 외에 비난할 대상이 전혀 없을 것이다. 우리가 모든 사람에게 "당신에겐 문제가 있습니다"라고 말하면서 복음을 내미는 것이 과연 옳은가? 혹시, 만에 하나, 그들의 문제는 그 문제가 아닐 수도 있다.

이는 생각해 봐야 할 중요한 사안이다.

나의 간증

독자들도 이제 알겠지만, 나는 내가 들어 온 대부분의 간증을 특별히 좋아하지 않는다. 하지만 만약 나 자신에 대해, 또한 나의 성장 배경에 대해 무언가 여러분에게 말하기 위해 내 간증을 전해야 한다면, 앞서 내가 언급한 온갖 죄들을 범하는 위험을 무릅쓰고, 내가 보기에 나의 신앙 여정에 관한 간증은 대략 이런 식으로 진행될 것이다.

나는 꽤 행복한 가정에서 태어났다. 내가 우리 할머니 댁의 거실에서 한 감리교 시골 설교자에게 세례를 받을 때 할머니의 소중한 은 접시가 사용되었다.

내가 어린 시절에 들었던 종교에 관한 대화는 많이 기억나지 않는다. 하지만 내가 거의 매주 일요일에 교회에 갔던 것은 기억난다. 목회자가 지루한 기도를 드리는 동안 거기 앉아 있으면서, 나는 울 바지가 쓸려 죽을 지경이었고 풀을 잔뜩 먹인 옷깃에 숨이 막혀 죽을 지경이었다. 또한 거의 매일 아침 식사 전에 읽었던 성경 이야기가 떠오른다. 우리 집 주변 들판과 숲속에서 뛰놀던 길고 신나는 여름, 수제 아이스크림, 그리운 친척들 집으로 가던 여행, 그리고 대체로 행복했던 학생 시절이 기억난다. 삼촌들 사이에서 벌어지던 정치와 대통령에 관한 논쟁도 기억나고, 또 우리 할머니의 죽음도 기억난다. 야구를 썩 잘하지 못했던 기억과 더불어 야구 놀이를 할 수 없어 소외감을 느꼈던 것도 기억난다. 하지만 기본적으로 내가 기억하는 어린 시절의 세계에서, 우주는 배울 만한 것이 많고, 방문할 곳이 많고, 흥미로운 사람들이 많이 거주하는 상당히 믿을 만하고, 기본적으로 우호적인 그런 장소 같았다.

어쨌든 내가 하나님의 위대하고 선하신 계획의 한 부분이라고 여기지 않았던 때는 기억나지 않는다. 언젠가 내가 그리스도인이 맞는지 할머니께 여쭤 본 적이 있다. "당연히 그리스도인이지"라고 할머니께서 대답해 주셨다. 할머니의 대답은 적절하고 당연해 보였다. 내가 남자아이인지 혹은 내가 나이 들면 대학에 갈 것인지 할머니께 여쭙는 것만큼이나 당연했다. 그것은 큰 결단이나 고민에 따른 믿음은 아니었다. 내가 남부 억양과 일요일마다 입을 첫

나들이 복장에 익숙해졌던 것과 똑같이, 나는 그냥 익숙해졌고 그 속에서 성장했다.

반항 비슷한 것도 했다. 고등학교 시절 성경과 믿음에 관해 많은 의문을 가졌던 기억이 난다. 내가 학교에서 배운 세상 물정에 관한 과학적 설명이, 성경이 세상 물정에 관해 말하는 바를 어느 정도 폐기하지 않았을까 의심했다. 우리 고향 교회에서 간간이 벌어졌던 몇몇 끔찍한 불화를 보면서, 교회란 우리 고장의 다른 모든 조직과 마찬가지로 문제투성이고 악하고 옹졸한 곳이 아닐까 하고 생각했다. 단지 피부색의 차이 때문에 또한 단지 '옛날부터 항상 그래 왔다'는 이유로 자행되는 무자비한 인종 차별과, 아주 고상한 몇몇 사람이 다른 사람들에게 아주 잔인한 짓을 저지르는 것을 보면서 느낀 환멸을 느끼기도 했다. 이런 경험들은 원죄에 관해 중요한 것들을 나에게 가르쳐 주었다.

나는 한동안 교회를 외면했다. 심지어 기독교 신앙이 나와는 전혀 맞지 않는 게 아닐까 의심도 했다. 나는 그리스도인이 되는 최고의 길은 두뇌를 끄고, 현실을 보는 눈을 감고, 자기 본위의 벽장 안에 자신을 가두는 것이라는 인상을 받았다. 내가 어쩔 수 없이 양성했던 '맹목적 믿음'은 자질이라기보다는 질병에 더 가까운 것 같았다. 나는 '맹목적 믿음'을 갖지 않았고, 그런 믿음을 원하지도 않았다.

여러 경험이 내가 사실상 늘 머물러 있던 그 믿음으로 돌아가도록 도와주었다. 훌륭한 대학 교수님들이 가르쳐 준 어려운 두어 개의 종교학 과목은, 기독교 신앙이 엄밀한 질문과 시험 때문에 약화되지 않는다는 확신을 심어 주었다. 오히려 기독교 신앙은 그런 활동을 통해 강화된다. 우리 가운데 신성의 신비는 항상 너무 왜소한 우리의 종교 사상에 의해 막히거나 제한받는 법 없이, 깊고 빠르게 흐르는 시내임을 나는 깨달았다. 내가 발견한 바에 따르면, 우리의 믿음에는 살아 있는 동안 계속 발끝을 세워 더 정확히 보고, 목을 길게 뽑아 더 자세히 보기에 충분한 요소가 있다. 어떤 사람들은 대학 종교학 수업에서 믿음을 잃어버렸다고 말한다. 나는 거기서 나의 믿음을 찾았다.

나의 대학 시절에는 또한 민권 운동이 그 정점에 있었다. 이러한 행진 앞줄에는 예복을 입은 성직자들이 있었다. 대개 온건한 태도를 가진 몇몇 남부 설교자들이었는데, 내가 알기에 그들은 인종 정의를 지지하는 대담한 설교들을 전하기 위해 자신의 회중과 함께 목숨을 걸었고 스스로 위험을 감수했다. 그들 가운데 내가 아는 몇몇 백인과 흑인은 용기를 냈다가 고난을 겪었다. 또한 그들의 고난과 용기는, 기독교가 고통스런 양심을 달래기 위한 진정제이거나 혹은 우리가 품은 편견의 변명거리일 필요가 없다는 확신을 내게 심어 주었다.

요컨대, 나는 믿음의 칼날에 급소를 찔리고 말았다. 기독교 신앙의 언어로 험난한 도전, 고귀한 소명, 크고 분명한 목소리에 대해 들었을 때, 나는 깜짝 놀랐다. 그것은 내가 항상 듣고 싶었던 것들이었다.

2
사람들의 무릎 꿇리기

내가 듣는 설교(와 내가 전했던 상당수의 설교)의 약 90퍼센트를 요약할 수 있다면, 요약문은 대략 이런 식으로 흘러갈 것이다.

1. 당신에겐 문제가 있다.
2. 그리스도가 답이시다.
3. 회개하고 구원을 받으라.

보수적이고 성경적인 근본주의자가 설교하느냐 아니면 자유주의적 사회 활동가가 설교하느냐 여부는 거의 차이가 없다. 내용과 슬로건은 다르더라도, 패턴은 대개 동일하다.

전통적인 설교 스타일은 첫머리에서 인류의 가련한 상태를 보여 주는 각양각색의 증거에 주목한다. 그런 스타일의 설교는 다음과 같이 말할 것이다. "모두가 죄를 범하여 기준에 미치지 못했습니다. 우리는 교만과 독선, 헛된 자기 확신, 우상숭배로 가득합니다. 우리는 물질주의적이고 감각적인 이교 사회를 세웠습니다." 그런 다음 설교자는 극도의 부패를 보여 주는 몇 가지 흥미로운 사례를 덧붙일 것이다. 최근의 이혼 통계 혹은 약물 남용, 자살, 십대 혼전 임신 등에 관한 통계 등이 인용될 수도 있다. 그리고 나서 설교는 이렇게 이어진다. "우리는 하나님의 사랑을 받을 자격이 없습니다. 우리는 기소된 대로 유죄입니다. (우리의 핵심 죄로 지적되는) 어리석은 교만으로 인해 우리는 하나님의 관점이 아니라 우리의 관점으로 인생을 살려고 애씁니다. 그래서 우리는 비참합니다."

"오늘 목사님의 설교는 제 마음을 뒤흔들어 놨습니다." 설교를 마친 뒤 교회 입구에서 설교자와 악수를 나눌 때, 사람들이 이렇게 말한다. 이런 논평은 다음 둘 중 하나를 암시할 것이다. (1) 우리는 종교가 본질적으로 ('사람들에게 어울리는 것을 주는') 성직자의 가학과, 그 반대편 짝인 회중의 자학('고맙습니다. 저에게 꼭 필요했던 설교입니다')이 뒤섞인 활동이라고 이해한다. 혹은 (2) 우리가 정말 하려고 했던 말은 "오늘 목사님은 정말 **저들의** 마음을 뒤흔들어 놨습니다"였다. 이런 설교 스타일이 얼마나 왜곡된 것인지는, 많은 설교자들이 '사람들의 마음을 뒤흔들어 놨다'는 말을 엄청난 칭찬으로 여긴다는 사실에서 확인된다. 이는 훌륭한 설교를 판별하는 흥미로운 기준인데, 우리는 뒤에서 이에 대해 검토할 것이다.

좋은 소식(복음)은 나쁜 소식 뒤에만 우리에게 주어진다. 복음은 해답의 형태로, 우리의 문제에 대한 해결책으로 온다. 우리가 얼마나 해답과 해결책을 좋아하는지 여러분도 안다. 미스터리에 매료되고 약간 경외심까지 품었던 옛 사람들(가령, 모세는 불타는 떨기나무 앞에서 신발을 벗었다)과 달리, 과학 기술 세계에서 우리는 미스터리를, 풀어야 할 문제, 답변해야 할 질문, 뒤따라야 할 실행 프로그램이라고 여긴다. 초등 과학 수업에서 우리는 문제에 접근하는 '과학적 방법'을 배웠다. 곧 문제를 명확히 진술해야 하고, 그런 다음 대안적 해결책을 찾아내서 실험을 해 봐야 한다. 최선의 해결책이 발견되면, 문제는 해결된다. '놀라운 과학적 발견' 혹은 '과학적 실험에 따르면' 같은 문구로 시작되는 비누 광고가 분명 더 많은 비누를 판매한다.

기독교 설교의 역사는 문제를 해결하는 이러한 과학적 접근이 설교에서 복음을 제시하는 방식에 막대한 영향을 미쳤음을 보여 준다. 우리의 설교 대부분은 인간의 상황에 대한 분석에서 시작된다. 이러한 상황은 하나의 문제로, 그것도 참담한 문제로 간주된다. (무슨 이유에선지 전통 기독교가 인간을 바라볼 때, 항상 최악의 상황에 있는 우리 모습을 보는 경향이 있다.) 그런데 인간이 문제라면, 해결책은 무엇인가? 우리의 운명에 관한 것이 질문이라면, 그 답은 무엇인가?

그리스도가 답이시다! 우리의 문제와 우리의 질문에 대해 세상이 제시하는 다른 모든 대답과 해결책은 부족하다. 우리는 이런 말을 듣는다. "그리스도를 믿으라!" "예수 그리스도를 당신의 구주로 받아들이라." "당신의 마음속에 예수님을 모시라." "당신의 삶을 그리스도께 드리라." 이런 문구는 대부분 너무 진부하고 모호해서, 대다수 사람은 그 문구가 정말 어떤 의미인지 전혀 깨닫지 못한다. 또한 교회는 대개 '자신의 삶을 그리스도께 드리는 것'이 일상의 삶에서 실제로 어떤 모습일지 사람들이 깨닫도록 제대로 돕지 못했다. 다만 '유순한 대답은 분노를 쉽게 한다'는 잠언 말씀처럼, 우리는 "그리스도가 답이시다"라는 모호한 대답이 까다로운 질문을 잠재운다고 느끼는 것 같다.

만약 그리스도가 답이라면, 우리는 이 대답을 우리의 질문에 어떻게 적용해야 할까? 우리는 응용과학이 될 수 있는 한도 내에서만 이론과학에 관심을 둔다. 우리는 지식 자체를 위한 지식 획득에 관심을 두기보다는, 사용 가능한 지식 획득에 더 많은 관심을 둔다. 만약 그리스도가 답이라면, 우리는 모름지기 무엇을 해야 하는가? 여기서 우리는 전통적 설교 개요의 세 번째이자 마지막 논점에 도달한다. 회개하고 구원을 받으라.

회개가 구원보다 선행한다는 점을 주목하자. 회개에는 다양한 의미가 담길 수 있다. 우리 대부분에게, 회개란 자신의 현재 모습에 대해 또한 우리가 그동안 행한 일들에 대해 애석하게 여긴다는 뜻이다. 따라서 회개란 우리가 행실이 나쁜 사람이었다는 느낌으로 인식된다. 이러한 회개 규정이 안고 있는 난점은, 주지하다시피 감정이 간사하고 급변한다는 것이다. 현대의 감수성 그룹 리더들과 과거의 천막 부흥론자들은 감정이 종교의 전부라고 여러분에게 말할 것이다. 마음속에 적절한 감정을 갖기만 하자. 그러면 여러분은 종교적이라고 인정받을 것이다.

고전적 기독교 신학은 기껏해야 회개는 단순히 느낌 이상이라고, 단순히 자격 미달의 감정적 인식 이상이라고 주장해 왔다. 회개란 어떤 행동, 단지 일회적 행동이 아니라 지속적 행동이다. 회개란 어떤 것으로부터 돌아서는 것이고, 다른 것을 향해 돌아서는 것이다. 신약성경에 나오는 회개는 헬라어로 '메타노이아'(metanoia)다. '메타노이아'의 문자적 의미는 '마음(mind)의 변화'다. 회개는 느낌이 아니라 하나님의 사랑에 근거하여 선택한 태도다. 결혼식에서 젊은 남성과 여성이 목사 앞에 서 있을 때, 목사는 "두 사람은 서로 사랑한다고 느낍니까?"라고 묻지 않는다. 목사는 "두 사람은 서로 사랑**하겠습니까?**"라고 묻는다. 감정도 그 자체로 훌륭하다. 하지만 교회는 결혼 관계를 단순한 감정보다 더 중요한 어떤 요소 위에 세우도록 요청한다. 음행 중에 잡힌 여자가 예수께 와서 회개하고 용서받았다. 그 뒤에 예수님은 "가서 다시는 죄를 범하지 말라"라고 말씀하셨다. **바로 그때** 회개가 시작되어, 단순한 감정(heart)의 변화를 넘어서서 삶의 변화와 행동의 변화로 계속 이어졌다.

그리고 바로 여기서 대부분의 설교와 대부분의 신학이 실패한다는 게 내 생각이다. 대부분의 설교와 신학은 성직자의 꾸지람과 죄의식을 쌓는 단순한 연습인 경우가 비일비재하다. 자격 미달과 극도의 비참함의 느낌으로 정의된 회개는 설교만이 아니라 삶 전반의 목표가 된다. 이는 (일요일 오전 공중파를 장악했던 이런 설교 스타일을 고수하는 자들을 포함하여) 강단을 내리치며 지옥불과 유황을 내뿜던 한 세대 전의 전통적 설교자들만이 아니라, '예언자'의 사회적 메시지를 전하던 전위적 자유주의자들에게도 해당한다. 옛 설교자들은 흡연과 음주, 욕설 죄를 쫓곤 한다. 새로운 설교자들은 인종주의와 자본주의, 보수주의를 추적한다. 두 그룹 모두 단지 사람들을 꾸짖고 그들의 잘못을 설득시키면 사람들이 더 나은 행동을 하게 만들 수 있다고 가정한다. 하지만 단순히 사람들의 죄를 지적하고 그들의 죄를 딱하게 여기게 하는 것만으로는 죄를 근절하지 못할 것이다. 이것이 라인홀드 니버(Reinhold Niebuhr)가 일컫는 "모든 도덕주의 설교의 오류"다. 바울은 자신의 삶을 관찰하면서 이러한 설교 스타일의 약점을 폭로했다. "내가 원하는 바 선은 행하지 아니하고"(롬 7:19을 보라). 설교자가 사람들로 하여금 죄에 대해 얼마나 나쁘게 느끼도록 만들든, 그들은 언제나 자기가 하고 싶은 일을 하지 못한다. 사람들은 대개 악당이라기보다는 피해자에 가깝다. 그들은 덫에 걸려 있다. **또한 그들이 걸린 덫의 일부는 도덕적 교화 및 정죄와 함께 우리가 부추긴 그들의 움츠러든 자격지심과 무력감이다.**

'애석하게 여기는' 종종색색의 회개는 구원으로 인도하지 못한다. '구원'(salvation)이란 단어는 '고약'(salve), 상처를 치료하기 위해 그 위에 바르는 연고라는 단어와 동일한 어근에서 유래한다. 구원이란 치료되는 것, 온전해지는 것을 의미한다. 도덕주의적 질책과 죄책감 쌓기는 단지 사람들의 상처 위에 소금을 뿌리거나 혹은 새로운 상처를 벌리는 것에 불과한 것 같다. 어느 누구도 어떤 것으로부터 혹은 어떤 것을 위해 치료되거나 구원받지 못한다. 사람들은 회심하여 경건한 보릿자루가 되는데, 그리스도를 닮은 용기를 갖고 살아가는 삶에 필요한 건강함이나 온전함 따위는 그들에게 불가능하다. 그리스도인의 삶에 대한 전통적인 '회개와 애석한 느낌' 접근법은 개인적 좌절과 반항, 절망의 느낌으로 이어진다. 태어날 때부터 이런 성직자의 꾸짖음과 질책에 시달려 고뇌하는 너무 많은 그리스도인들의 마음속에 이러한 느낌이 자리 잡고 있다.

"당신에겐 문제가 있다. 회개하고 구원을 받으라"라는 식의 스타일이 계속 인기를 누리는 이유는 무엇일까? 몇 해 전 조지아주 촌구석에 있는 교회에 처음 부임하여 섬기고 있을 때, 나는 이 질문을 나 자신에게 던지지 않을 수 없었다. 나는 교회의 모든 성도에게 설문지를 돌려, 어떤 주제의 설교를 더 듣고 싶은지 물었다. 성도들은 거의 만장일치로 '지옥과 영벌'에 관한 설교가 더 많으면 좋겠다고 답했다. 이 사람들은 가난하고 불우했고, 기회나 편의도 거의 누리지 못했다. 그들은, 물론 선의에서 비롯되었겠지만 다수의 무지한 평신도 설교자들에게 희생당했다. 그들은 종교란 자기 비하와 자기 멸시 훈련이라는 그릇된 사고방식에 빠져들었다.

나는 그들에게 세례 요한의 설교와 예수님의 설교 사이에 차이가 있음을 지적했다. 요한은 와서 전통 방식으로 선포했다. "회개하라. 그렇지 않으면 지옥 불에 먹히고 말 것이다!" 예수님은 다른 메시지를 전하셨다. 예수님은 "하나님 나라가 여기 있으니 회개하라!"고 선포하셨다. 여러분은 이 두 설교의 차이가 보이는가?

요한은 죄의 끔찍한 결과와 처벌의 위협으로 가득한 경고 메시지를 선포했다. 그는 낙타털로 만든 투박한 외투(회개와 탄식의 상징)를 입었다. 그는 자기 뒤에 오실 분에 대해 말했다. "[그분은] 손에 키를 들고 자기의 타작마당을 정하게 하사 알곡은 모아 곳간에 들이고 쭉정이는 꺼지지 않는 불에 태우시리라"(마 3:12을 보라). 우리는 요한의 설교에서, 그가 알곡보다 쭉정이를 더 많이 다루고 있다고 여겼다는 분명한 인상을 받는다!

물론 세례 요한은 '길을 준비'하기 위해 왔다. 그는 길이 아니라 길을 위한 선구자일 뿐이었다. 어떤 사람들은 자녀들이 참된 순종을 배우기에 앞서 부모가 자기를 위협한다고 느낀다고 주장한다. 그들은 자녀들이 부모의 사랑을 깨닫기 전에 먼저 부모를 무서워해야 한다고 말한다. 아마 요한의 설교는 믿음의 길에서 내딛는 일종의 미성숙한 첫걸음을 보여 주는 것 같다, 아마도. 다음 장에서 우리는 미성숙한 종교와 성숙한 믿음의 차이에 대해 숙고할 것이다.

다만 지금은 예수님이 세례 요한과 다른 메시지를 전파하셨다는 점에 주목하자. 요한은 임박한 징벌을 피하기 위해 회개하라고 사람들에게 호소했다. 그는 엄숙한 경고를 전했다. 하지만 예수님은 바로 사람들 눈앞에서 무언가 놀라운 일이 벌어지고 있었기 때문에 그들에게 회개하라고 말씀하셨다. 예수님은 기쁨의 탄성을 발하셨다. 요한은 죄책을 다루었다. 예수님은 은혜를 다루셨다.

이것이 저 아름다운 본문, 마태복음 9:35-38에서 예수님이 염두에 두셨던 게 아닐까?

예수께서 모든 도시와 마을에 두루 다니사 그들의 회당에서 가르치시며, 천국 복음을 전파하시며, 모든 병과 모든 약한 것을 고치시니라. 무리를 보시고 불쌍히 여기시니, 이는 그들이 목자 없는 양과 같이 고생하며 기진함이라. 이에 제자들에게 이르시되 '추수할 것은 많되 일꾼이 적으니, 그러므로 추수하는 주인에게 청하여 추수할 일꾼들을 보내 주소서 하라' 하시니라.

예수님은 여기서 이런 "목자 없는 양"을 괴롭히는 목회자들이 부지기수라고 말씀하시는 것 같다. 복음 전파와 치유를 자신들의 임무로 여기는 목회자는 소수다.

꾸짖고 죄의식을 쌓는 설교는, 아마 복음과 관련되기보다는 설교자의 약점과 콤플렉스가 더 큰 원인일 것이다. 현대 사회에서,

목회자들은 대부분 이전 한때 사람들에게 행사했을지 모르는 상당한 영향력과 통제력을 상실했다. 아마 그들은 설교에서 성직자의 근육을 과시함으로써 이를 보상하는 것 같다. 콜린 모리스(Colin Morris)는 다음과 같이 설명했다.

> 설교자가 회중에게 자기와 함께 사회 정의를 위한 투쟁에 동참하자고 촉구한 뒤, 뒤를 돌아보니 자기 혼자 행진하는 상황에 처하게 해 보자. 이럴 때 복음(Good Tidings)이 아니라 회초리(Good Chidings)를 장만하는 데 강단을 이용하지 않으려면 거의 초인적인 참을성이 필요하다. 설교는 회중이 오랜 훈련을 통해 연마한 극기심으로 견디는 20분짜리 장광설이 되고 만다. 물론 설교자의 더 날카로운 말의 창(槍)이 내 옆자리에 앉은 남자나 여자를 겨냥하고 있다고 확신하며 비뚤어진 즐거움을 얻는 소수는 예외다.[1]

설교자들이 그리스도의 복음을 세례 요한의 낡은 스타일로 전하려고 애쓰는 또 하나의 이유는 사람들이 이런 설교를 좋아하기 때문이다. 내가 조지아주의 그 작은 교회에서 깨달았듯이 우리 안에 있는 어떤 요소 때문에 우리는 '마음을 뒤흔들어 놓을 때' 비뚤어진 만족감 같은 것을 얻는다. 우리는 모두 자신의 죄와 실패에 대해 다른 누구보다 잘 알고 있기에, 이런 설교는 일말의 진실을 담고 있다. 이 진실이 폐부를 찌르고, 우리가 어떤 설교에서 상처를 입을 때, 우리는 모종의 불편한 진실 앞에 서 있음을 안다.

그런데 왜 우리는 말로 상처를 입고 부상을 당할 때, 우리 자신과 우리의 삶에 대해 질책을 받고 애석하게 느낄 때, 이를 즐기는 것처럼 보일까? 아마 우리가 마음을 뒤흔들어 놓는 것을 즐기는 이유는, 이게 종교의 전부여야 한다고 생각하기 때문일 것이다. 우리에게 유익한 종교는 쓴맛 나는 약과 비슷하다. 우리는 구강 청결제처럼 맛이 고약할수록 틀림없이 우리에게 더 큰 유익을 준다고 여긴다. 우리는 대부분 '회개'가 단지 자기 자신에 대해 애석한 느낌을 갖는 것이라고 이해하기 때문에, 자기 자신에 대해 더 애석하게 느낄수록 우리는 훨씬 종교적인 게 분명하다. 우리가 얼마나 '초라한지' 더 많이 보여 줄수록 우리는 더 종교적이다. 그렇게 되면, 우리는 정말로 변하거나 무언가를 할 필요가 없다. 우리가 해야 할 일이라고는 느끼는 것뿐이다. 우리가 눈물을 흘린 뒤 자기 자신에 대해 스스로 애석한 느낌을 갖는다면, 그것으로 충분하다. 이로써 우리는 일종의 정서적 카타르시스를 얻는다. 느낌과 감정이 참된 종교의 적이 될 수 있는 이유가 그 때문이다. 혼돈에 빠진 우리는 '종교에서는 느낌이 전부'라고 생각한다. 느낌은 진정한 회개의 중심에 있는 회심(conversion), 곧 변화와 방향 전환의 대체물이 된다. "목사님은 오늘 정말 우리 마음을 뒤흔들어 놨습니다." 우리는 설교가 끝난 뒤 이렇게 말한다. 설교자가 우리 마음을 뒤흔들어 놨을 때, 우리는 한결 홀가분하다. 검은 사제복을 입은 목사가 우리 마음을 뒤흔들어 놨다고 해서, 우리가 검은 사제복을 입은 목사를 따라 조심조심 자리를 이동하거나 일어나서 다른 데로 가리라고 기대하는 사람은 아무도 없을 것이다!

어린이라면 누구나 인정하듯이, 회초리가 최악의 벌이 아닌 때도 있다. 여러분이 과자 상자에서 과자를 훔쳤다고 해서 어머니가 회초리를 댄다면, 여러분의 분노는 어머니와 회초리에게 집중될 수 있다. 체벌은 여러분이 어머니를 어떻게 속였고 실망시켰는지 잊어버리는 데 도움이 되고, 이러한 망각은 여러분을 한결 홀가분하게 해 준다. 만약 어머니가 아주 엄하게 회초리를 댄다면, 여러분은 그냥 상한 감정을 달래기 위해 과자 몇 개를 더 훔쳐도 되는 권리를 얻었다고 느낄 것이다. 자녀가 번번이 부모의 기대에 못 미치더라도 그 자녀를 계속 사랑하면서 위해 주는 것이 부모가 할 수 있는 가장 효과적인 '벌'인 때도 있다. 훌륭한 부모는 대부분 자녀들을 이런 방식으로 양육하고, 긴 안목에서 보면 대개 회초리보다는 훈육이 훨씬 효과적임을 증명해 준다. 마찬가지로, 강단에서 나오는 언어의 체벌은 십중팔구 우리가 우리 자신과 하나님을 속이고 실망시켰다는 내면의 인식에 맞서 자기를 방어할 수 있다. 만약 설교자가 우리의 인종 차별과 편견에 대해 꾸짖는다면, 우리는 감히 논란의 여지가 있는 문제들에 '참견하는' 설교자에게 몹시 분노할 수 있다. 혹은 우리는 설교자와 손잡고 우리의 죄 때문에 비탄에 빠질 수 있다. 어떤 쪽이든, 삶이나 습관의 진정한 변화(회심)는 대개 외면당할 수 있다. 따라서 지옥불과 유황 설교는 천막 부흥사가 전하든 사회 활동가가 전하든, 회중에게 유리할 수 있다!

이러한 도덕주의적 꾸지람과 질책의 오류, "당신에겐 문제가 있다. 회개하고 구원을 받으라" 구원 도식의 약점이 담긴 메시지에 영향을 받아 정말 변하는 사람이 거의 없는 이유는, 이런 설교가 복음을 퇴보시킨다는 것이다. 우리가 지금까지 얘기한 것을 칼 바르트는 이렇게 표현했다. 곧 대다수 기독교 설교는 선물을 받기 위해 충족시켜야 하는 책무에 대해 말하는 반면, 신약성경의 진짜 메시지는 우리를 책무로 인도하는 선물에 대해 말한다는 것이다. 우리의 전통적 설교 개요에서는 회개가 은혜보다 앞서려고 하는 반면, 은혜는 항상 진정한 회개보다 앞선다.

왜 그런가? 우리가 정말 무조건적이고, 무한하고, 절대적인 하나님의 사랑을 느끼기 전에는 사실상 자기 자신에 대해 완전히 정직할 수 없기 때문이다. 안정적이고, 차분하고, 소신 있는 사람은 자기에게 오류가 있을 수 있음을 인정한다. 부모가 어린아이 앞에 서서, 아이를 내려다보면서 "존, 과자 접시에서 과자를 훔쳤니?"라고 물으면, 영리한 아이는 거짓말을 하거나 혹은 침대 밑에 숨을 것이다. 겁박하는 부모는 정직을 북돋우는 분위기를 만들지 못한다. 마찬가지로 하나님의 진노에 대한 두려움에서 나오는 회개나 '비위를 맞춰' 하나님의 인정을 얻으려는 시도는 대개 피상적 회개다. 언젠가 칼 바르트가 지적했듯이, 그런 회개는 '연기'에 불과하다. 우리는 하나님의 호의를 얻어 내기에 충분할 만큼만 회개한다. 우리는 자신의 약점에 완전히 무지하지 않다고 하나님을 설득하기에 충분할 만큼만 죄를 인정한다.

우리가 완전히 정직하거나 완전히 열린 마음을 가질 여유가 없는 이유는, 하나님의 사랑이 과연 영원한지 완전히 확신하지 못하기 때문이다. 그래서 우리는 자존감의 부스러기, 우리 행동을 합리화하는 그럴 듯해 보이는 핑곗거리를 고수하려고 애쓴다. "나는 그 **정도로** 나쁜 사람은 아니야"라고 우리는 말한다. "살인을 하거나 절도를 할 때에만 죄다. 내가 했던 사소한 거짓 행동과 선의의 거짓말은 죄가 아니다." 따라서 하나님이 게임을 관장하시고 또한 이 게임은 우리에게 완전히 불리하다는 두려움 때문에, 우리는 우리의 카드를 전부 탁자 위에 놓을 수 없는 형편이다. 우리의 '회개'는 거짓 이미지와 합리화라는 정교한 방어 기제의 또 다른 일부가 되어, 우리는 이 기제를 통해 우리 편이 아니신 하나님의 공격으로부터 우리 자신과 우리의 자존감을 보호하려고 애쓴다.

인간적으로 보면, 그리스도인들이 한 남성과 한 여성의 '동거'라는 상대적으로 불안정한 방식보다 결혼이라는 장기간의 헌신을 지지하는 이유가 그 때문이다. 만약 여러분이 사랑에서 얻고 싶은 것이 피상적 느낌과 몇 가지 순간적 재미뿐이라면, 결혼에 매이지 않는 '동거'도 무방하다. 하지만 만약 여러분이 완전히 정직하고, 열린 마음으로 다른 사람과 직면할 기회를 얻기 원한다면, 만약 여러분이 대부분의 관계에 내재된 일시성과 피상성 가운데서 하나의 영원한 인간관계, 여러분이 자유롭게 가면을 벗어던지고 가면 놀이를 중단할 수 있는 하나의 관계를 갈망한다면, 결혼이 우리에게 선사하는 것같이 다른 사람과 맺은 서약을 '부유할 때나 가난할 때나, 병들 때나 건강할 때나' 지키는 헌신을 제공해 줄 수 있는 것은 아무것도 없다. 관계를 맺은 한 사람이 영원히 문밖으로 걸어 나갈 수 있는 손쉬운 가능성이 존재하는 한, 진정한 정직은 불가능하다. 두 사람이 부부로서 '서로 영원히 하나'임을 아는 은혜는, 여러분의 문제를 인정하고(고백) 이로써 치유(구원)를 시작할 수 있는 자유를 여러분에게 준다.

구태의연한 방식의 설교는 끝맺어야 할 곳에서 시작한다. 그런 설교는 인간의 문제와 결점(죄)을 곱씹으며, '당신에겐 문제가 있다'고 지적하면서 시작한다. 그런 다음 우리가 겪는 모든 문제의 만병통치약으로 그리스도를 내놓는다. 혹은 우리를 위협하고 비난함으로써 우리의 무릎을 꿇리려고 애쓴다. "회개하고 구원을 받으라." 이런 설교가 우리의 무릎을 꿇게 만들어 우리가 충분히 양심의 가책을 받아 비탄에 빠진다면, 그 뒤에 우리 앞에 보상, 해결책을 내보인다. "그리스도가 답이시다." 우리는 "예수 그리스도를 받아들이고 구원을 받아야 한다."

1장에서 간증에 대해 논할 때 언급했듯이, 전통적 신학과 설교가 믿음에 접근하는 방식은 믿음을 왜곡하고 만다. 우리는 두려움으로 인해, 극도의 비탄으로 인해, 혹은 거래를 해 보려는 시도로 인해 믿음에 이른다. 우리를 가장 고상한 그리스도의 이상으로 이끌려고 시도하는 가운데 우리의 가장 저열한 인간 본성에 호소한다. 이 방식은 효과를 발휘하지 못한다. 그 결과는 하나님이 적이라는 두려움 때문에, 혹은 비탄에 빠진 뒤 그 결과로 형성된 의존적 성격 때문에, 혹은 단지 자기들이 원하는 것을 얻어 내는 수단으로 하나님을 이용하려는 시도 때문에 그리스도께 이른 그분의 제자다.

내가 보기에 성경은 이렇게 말하는 것 같다. 어떤 사람이 한때 강력한 적이라고 여겼던 하나님, 회피하거나 혹은 거래해야 할 하나님이 실은 신뢰해야 할 친구임을 깨닫는 시점에, 참된 회심(전향, 변화, 중생)이 이루어진다. 우리의 죄 때문에 흠뻑 두들겨 맞을 거라고 예상할 때에만, 우리는 은혜로 흠뻑 두들겨 맞는다. 우리는 평안과 행복을 광적으로 추구하는 가운데 엉뚱한 곳을 바라보았고, 항상 우리를 찾고 계셨던 하나님을 간과했음을 깨닫는다. 우리를 구원하기 위해 하나님이 우리를 무너뜨리실 필요는 없다. 우리는 아무것도 주거나 말하거나 지불하지 않아도 된다. 그리스도 안에서 우리에게 전부 다 주어졌고, 말해졌고, 지불되었다. 우리는 하나님과 어떤 종류의 거래도 할 필요가 없다. 그리스도 안에서 사랑이 우리의 문제를 해결했다. 또한 이것은 우리의 행실이 나쁠 때에도 걸어 나가거나 문을 쾅 닫지 않고, 우리를 위협하지 않고, 우리가 가난하고 병들고 추할 때에도 우리를 저버리지 않는 영원한 사랑이다. 이는 창조 전에 우리를 사랑하셨고, 이제 한 가지만 염두에 두고 우리를 사랑하신 사랑이다. 곧 우리를 영원까지 사랑하시는 것 말이다.

이 사랑, 이 은혜가 언제나 먼저 와야 한다. 도덕주의 설교의 문제점은 우리가 하나님을 위해 해야 한다고 여기는 일에 너무 몰두한 나머지 하나님이 우리를 위해 행하셨고, 행하실 것이고, 행하고 계신 일을 잊어버리는 것이다. '당신에겐 문제가 있다. 회개하고 구원을 받으라' 구원 도식의 문제점은, 이것이 우리, 곧 우리의 문제, 우리의 필요, 우리의 감정, 우리의 신념에서 시작하고 하나님에 대해 망각한다는 점이다. 회개는 단지 우리의 죄에 대해 애석하게 여기는 것이 아니다. 우리의 진심과 겸손이 우리의 죄를 용서받게 해 주는 것은 아니다. 우리의 죄성은 하나님의 선물로 용서받는다. "**만약** 여러분이 애석하게 여긴다면, 또 **만약** 여러분이 진지하다면, 하나님은 여러분을 용서해 주실 것이다"라는 말은, 하나님의 손에서 용서를 가로채서 우리 손 안에 두는 것이다. 용서 받기 위해 고안된 '겸손'과 '가련함'의 느낌은, "우리 아버지"를 50번 반복하면 우리 죄가 용서 받는다고 생각하는 것과 마찬가지로, 하나님을 조종하려는 속임수일 수 있다. 회심은 단순히 제단에 엎드리는 것도 아니다. 우리는 '그리스도를 위해 결단해야 한다'는 당위성에 너무 몰두한 나머지, 그리스도 안에서 하나님이 우리를 위해 단번에 결단하셨다는 사실을 잊는다. '그리스도를 받아들이기 위해' 무릎을 꿇을 때 우리가 간과하는 사실이 있다. 곧 예수 그리스도의 삶과 죽음에 어떤 의미가 있다면, 그것은 바로 하나님이 우리를 받아들이신다는 사실이다! 하나님이 그리스도 안에서 우리를 받아들이셨음을 인정하고 이를 누리는 것 외에, 여러분과 내가 덧붙이거나 개선할 수 있는 것은 거의 없다. 칼 바르트를 다시 인용하자면, "'예'가 그리스도인의 삶의 전부다."

단순한 말처럼 들리지 않는가? 쉬운 말처럼 들린다. 아마 너무 쉬운 말처럼 들릴 것이다. 맞다, 하지만 그렇지 않다. 그 은혜, 하나님이 주시는 그 선물(기억을 되살려 보면, 성경에서 '은혜'라는 단어는 단순히 '선물'을 의미한다)은 우리에게 커다란 위협이 될 수 있다. 그 선물은 아주 이해하기 어려울 수 있다. 왜 그런가? "당신의 능력만큼 대접받는다", "하나님은 스스로 돕는 자를 돕는다"라고 말하는 세상에서, 선물을 받아들이는 것은 우리에게 요청하기 가장 힘든 일 가운데 하나가 될 수 있는 까닭이다. 인류는 언제나 우리가 '독립적인 사람'이고, 우리는 무엇이든 마음이 갈망하는 것을 노력으로 얻을 수 있다는 환상에 감염되어 있었다. 하나님의 은혜는 하나님의 사랑과 관련해서 우리가 얻거나, 자격을 갖추었거나, 노력할 수 있는 것은 아무것도 없다고 말한다. 하나님의 은혜는 주어져야만 한다. 그것은 선물로만 올 수 있다.

여러분은 누군가 칭찬할 때 사람들이 얼마나 얼굴을 붉히는지 살펴본 적이 있는가? 사람들이 얼굴을 붉히는 이유는 칭찬이 보답할 수 없는 뜻밖의 선물이기 때문이다. 그런 선물은 고맙게 받거나 그게 아니면 어깨를 으쓱하며 거절할 수밖에 없다("아, 진심이 아니죠?" 이렇게 말하면서). 받는 것보다 주는 것이 더 복된 일일 수 있다. 하지만 대개 주는 것보다 받는 것이 훨씬 어렵다. 특히 보답할 수 없는 선물일 때는 더욱 그렇다. 그런 이유로 하나님이 주시는 사랑의 은혜(선물)는 우리를 난처하게 만든다.

결국 우리가 사랑에 좌우된다고 인정하는 것은 위험하다. 결국 우리가 **은혜**로 구원받는다고 인정하는 것은 참담하다. 처음부터 끝까지 [프레드릭 비크너(Frederick Buechner)의 표현대로] 하나님의 선한 은혜 안에 있기 위해 **여러분이** 해야 할 일이 아무것도 없다, 여러분이 **해야 할 일**이 아무것도 없다, 여러분이 해야 할 일이 **아무것도 없다**는 사실을 아는 것은 우리를 난처하게 만든다. 여러분은 기쁨이든 비참함이든 어떤 느낌도 가질 필요가 없다. 여러분은 이런 일련의 신념을 믿거나 저런 일련의 규칙을 따를 필요가 없다. 여러분이 해야 할 전부는 누군가 여러분에게 선물을 줄 때마다 여러분의 방식으로 응답하는 것이다. 폴 틸리히(Paul Tillich)의 말처럼, "당신이 받아들여졌음을 받아들이라." 다시, 바르트의 말처럼, "'예'가 그리스도인의 삶의 전부다."

마틴 루터가 이를 우리에게 전하려고 했다. 아우구스티누스가 이를 우리에게 전하려고 했다. 바울이 이를 우리에게 전하려고 했다. 그들은 모두 우리가 '은혜로 구원받는다'고 전하려고 했다. 그런데 우리는 이 모든 게 너무 단순하고, 너무 좋게 들려서 사실일 리가 없다고 생각한다. 마르틴 루터는 사람들이 중세 교회에서 하나님의 은혜와 용서를 얻기 위해 애쓰면서 사용하던 의식과 의무의 '행위 의'(works righteousness)에 맞서 저항했다. 루터는 은혜가 선물임을 깨달았다. 그런데 우리 루터의 후예들은 자신이 만든 또 다른 '행위 의'로 되돌아가 올바른 신념 혹은 올바른 행위 혹은 올바른 감정을 구원의 전제 조건으로 만들었다. '스스로 구원하려는' 시도에 맞서라고 예수님이 경고하셨는데도, 우리는 하나님의 방법보다 우리의 방법대로 행하곤 했다. 교회는 오래전에 이 이단(펠라기우스주의)을 정죄했지만, 우리는 여전히 똑같이 행동한다.

교회는 세례 의식에서 항상 이 점을 명확히 하려고 노력했다. 루터교, 로마 가톨릭교, 연합 감리교, 미국 성공회 등의 유아 세례든, 혹은 침례교, 안식일예수재림교, 여호와의 증인의 성인 신자 세례든, 두 세례 양식은 모두 하나님의 은혜의 능력과 부어 주심(givenness)을 예시하기 위한 것이다. 세례란 궁극적으로 우리가 하는 어떤 일이 아니라 하나님이 하시는 어떤 일이다. 하나님의 주도하심으로 우리는 세례를 받고 하나님의 가족에 편입된다. 따라서 세례는 일종의 입양 의식이며, 우리가 그리스도 안에서 하나님 선물의 상속자들이라는 공적 표식이다. 유아 세례를 시행하는 교회들은 우리가 하나님께 가기 전에 그분이 우리에게 오심을 입증한다. 우리가 하나님을 우리 아버지라고 부르기 전에 하나님은 우리가 자신의 자녀라고 주장하신다. 우리가 하나님을 믿기 전에 그분은 우리를 믿으신다. 갓난아기보다 더 무력하고 더 의존적인 존재가 있을까? 그 점에 있어서, 갓난쟁이보다 더 악한(시샘하고, 이기적이고, 자기중심적이고, 겁 많은) 존재가 있을까? 따라서 우리가 유아만이 아니라 성인으로서, 늘 하나님과 함께 살아가는 방식을 아기보다 더 많이 대변하는 존재가 누구이겠는가! 성인 신자의 세례를 시행하는 교회들은 과분한 은혜에 대해 본질적으로 동일한 내용을, 다만 다른 방식으로 표현한다. 그들의 성인 세례에 따르면, 교회는 우리가 세운 것이 아니라 하나님이 불러 모으신 것이다. 하나님의 은혜는 우리의 믿음을 불러일으킨다. 하나님은 손자나 손녀가 없다. 하나님은 모든 세대를 각자의 때에 새롭게 부르시며, 모든 새로운 세대에게 은혜의 선물을 주시고, 모든 새로운 세대가 그리스도 안에서 들은 대로 하나님의 거룩한 '예'에 대해 '예'라고 대답하라고 요청하신다.

그렇기 때문에 전통적 설교와 신학의 패턴이 뒤집어져야 한다. 전통적 설교와 신학은 '행위 의', '누구나 자신을 위해, 마땅히 받아야 할 것을 얻는다'는 문화의 후예다. 그것은 우리와 함께 시작된다('당신에겐 문제가 있다'). 그런 다음 우리의 무릎을 꿇리려고 하고('회개하고…'), 이로써 구원('…구원을 받으라')은 보상, 우리의 의로운 성취에 알맞은 상급이 된다. 전통적 설교와 신학은 하나님의 사랑을, 쓰디쓴 회개의 약을 먼저 삼킨 뒤에야 받는 알사탕으로 바꾸어 놓는다. 부모의 사랑을 얻기 위해 애쓰면서 자기 생애를 허비하는 자녀가 있다면, 그런 자녀는 부모가 주는 사랑의 본질에 대해 배울 것이 많다. 부모가 자기를 더 사랑하게 만들기 위해 자녀가 할 수 있는 일은 아무것도 없다. 부모의 사랑은 선물로 온다. 전통적 설교는 우리가 우리 자신을 구원하고, 우리 자신을 변화시키고, 우리 자신을 치유할 수 있는 그것을 우리 안에 갖고 있다고 전제한다. 전통적 설교는 우리가 하나님 앞에 두 발로 딛고 서도록 허락받기 전에 무릎을 꿇어야 한다고 말한다. 전통적 설교는, **만약** 하나님이 우리를 사랑하시려면 우리가 무엇을 해야 하는지 말한다. 반면에 예수님이 우리에게 전하신 하나님의 사랑에는 '만약'이 전혀 없다.

3
자기 두 발로 서기

우리는 전통적 설교 모델과 복음을 제시하는 전통적 방식이 실은 불행한 소식(bad news)이라는 결론을 내렸다. 이제 지난 장 첫머리에서 본 설교 모델을 바꾸어 다음과 같은 형태로 보이게 해 보자.

1. 그리스도가 답이시다.
2. 당신에겐 문제가 있다.
3. 회개하고 구원을 받으라.

이제 우리는 그리스도에서, 우리가 받은 사랑에서 시작한다. 우리는 우리가 하거나 하지 않은 일이 아니라 하나님이 하신 일에서 시작한다. 우리가 하나님께 '아니요'라고 혹은 '예'라고 말해야 할지 고민하기 전에, 우리를 위한 하나님의 '예'를 묵상하면서 시작한다. 우리에게 그리스도는 우리의 모든 이기적 욕망과 두려운 질문의 마지막에 등장하는 답이 아니라, 우리가 인생의 가장 중요한 질문을 알거나 감히 묻기도 전에 등장하는 답이시다. 그분은 '구원받기 위해 나는 무엇을 해야 하는가?'라는 우리의 질문을 부적절하고 불필요하게 만드는 답이시다. 구원을 얻기 위해 무엇을 해야 하는지 논쟁하는 대신, 우리는 하나님이 우리를 구원하기 위해 그리스도 안에서 행하신 일을 기뻐한다. 우리는 세례 요한의 위협으로부터 예수님의 선포로 전환한다. 은혜가 먼저 온다.

은혜가 먼저 오는 이유는, 우리가 먼저 떠올려야 할 것이 은혜인 까닭이다. 하나님의 선한 은혜를 성취하려는 우리의 모든 분투와 수고와 광적인 노력 뒤에는 자격 미달이라는 우리의 내적 인식이 도사리고 있다. 우리의 핵심 죄는 교만 죄가 아니다. 교만은 단지 자격 미달이라는 우리의 인식을 처리하는 방식일 뿐이다. 데이나 프롬 스미스(Dana Prom Smith)는 『당당한 제자도』(*The Debonaire Disciple*)에서 이렇게 기술한다.

> 어떤 아버지가 자기 아들에게 '나가서 무슨 일이든 혼자 해 봐라'라고 말할 때, 아버지는 그 시점에 아들이 크게 자격 미달 상태임을 암시한다. 죄책감과 자격지심, 부족한 느낌은 성취에 뿌리를 둔 미덕 체계를 강화한다.[1]

우리가 요한의 설교에 그렇게 겁먹는 이유는, 우리가 받아들여질 만한 믿음에 이르기 위해 혹은 받아들여질 만한 느낌을 갖기 위해 혹은 받아들여질 만한 행동을 하기 위해 허둥대는 이유는, 불안감 속에서 우리는 자신을 증명하여 하나님의 기준에 미치지 못한다는 비난을 반박하려고 애쓰기 때문이다.

하나님의 호의에 이르는 길을 실험하고 찾으려는 유혹은 특별히 백인 중산층 배경의 사람들에게 호소력을 갖는다. 우리는 대부분 어린아이였을 때부터 대공황 시대의 부모들에게서 자기가 원하는 것을 위해 노력해야 하고, 헌신과 교육, 끈기를 통해서만 삶에서 우리가 원하는 것을 얻을 수 있다는 말을 들어 왔다. 웨인 오티스(Wayne Oates)가 『한 일중독자의 고백』(Confessions of a Workaholic)에서 설명했듯이, 우리 중 상당수는 고된 노력이 우리의 모든 문제와 필요에 대한 답이라고 생각하는 혼란에 빠진다. 우리는 성취와 획득과 달성의 영원한 다람쥐 쳇바퀴에 갇힌다. 우리 자신이 죽을 만큼 수고한 뒤, 인생에서 가장 중요한 것들은 성취되거나 달성될 수 없다는 사실을 너무 늦게 깨닫는 그날까지 말이다. 인생에서 가장 중요한 것들은 과분한 선물로 온다.

인생에서 물질적인 것들을 성취하는 데 성공한 대다수 힘 있는 사람들은, 노력이 영적인 것들도 성취하는 길이 틀림없다고 가정한다. 하지만 그리스도의 메시지는 우리가 이미 하나님과의 관계에서 소유한 지위, 우리가 '얻어 낼' 필요가 없고 노력해서 도달할 수 없는 지위에 관한 좋은 소식이다. 여러분은 여러분의 아버지와 어머니의 자녀가 되는 권리를 얻기 위해 노력할 수 없다. 여러분은 이미 그런 자녀다. 여러분이 하나님의 자녀이고, 이것이 선물이지 성취가 아니라는 깨달음이 회심의 시작점이다.

그때에야, 오직 그때에야 우리는 우리의 진짜 문제에 관한 얘기를 시작할 수 있다. 그때에야 우리는 보편적 인간으로서 우리의 필요가 아니라, 하나님의 자녀와 상속자로서 우리의 필요에 관해 얘기할 수 있다. 우리의 문제는 '하나님이 우리를 사랑하시게 하기 위해 우리는 무엇을 할 수 있는가?'가 아니다. 우리의 문제는 '우리를 위한 하나님의 사랑의 빛 속에서 우리는 무엇을 할 수 있는가?'다. 토마스 아퀴나스(Thomas Aquinas)가 주장했듯이, 우리를 위한 하나님의 영원한 사랑을 인식할 때에만, 우리는 하나님을 향한 우리의 사랑이 얼마나 변덕스러운지 깨달을 수 있다. 우리가 하나님 안에서 진리를 인식할 때에만, 우리는 자기 자신 안의 거짓을 인식할 수 있다. 칼 바르트는 그리스도인들만이 죄인들이라고 말한 적이 있다. 그리스도인들만? 바르트가 했던 이 말의 의미는, 자신이 얼마나 사랑받는지 아는 사람들만이 자신이 그 사랑을 얼마나 배신했는지 인식할 수 있다는 뜻이다. 자신을 향한 하나님의 '예'를 들었던 사람들만이 하나님을 향한 자신의 '예'가 얼마나 보잘것없고 변덕스러운지 알 수 있다. 바울이 "내가 원하는 바 선은 행하지 아니하고"라고 탄식했을 때, 그는 기독교로 전향한 이후 자신의 삶에 대해 얘기하고 있었다. '그리스도가 답'이시고 항상 우리의 답이셨다는 사실을 먼저 인식하지 못한다면, 우리는 자신의 진짜 문제가 아닌 사소한 문제들에 계속 사로잡혀 있을 것이다. 우리는 무엇을 믿고, 어떻게 느끼고, 무엇을 말하고, 어떻게 행동해야 할지 계속 염려할 것이다. 우리가 그리스도 안에서 하나님의 선을 먼저 인식할 때까지, 우리가 이미 선물로 소유한 그것을 얻기 위해 애쓰면서 겪는 우리의 불안한 가식과 자기 비하, 자기 정당화 속에 우리의 진짜 문제가 있음을 깨닫지 못할 것이다. 하나님은 우리 모두를 소중한 존재로 만드셨지만, 우리 대부분은 마치 자신이 무가치한 존재인 것처럼 살아간다.

이제 진정한 회개가 온다. 우리는 속이거나 가면을 쓰거나 변명을 늘어놓을 필요가 없다. 우리는 이제 자신이 누구인지 인정할 수 있다. 그것은 우리가 누구인지 인정하더라도 하나님이 우리를 무너뜨리지 않으실 줄 알기 때문이다. 앞서 말했듯이, 자기가 틀릴 수 있음을 인정하고, 그런 다음 자신의 잘못을 바로잡기 위해 노력하려면 강하고 안정적인 인격이 필요하다. 약하고 불안정한 사람들은 자기를 방어하고, 자기를 위해 변명하고, 자신의 행동을 정당화하기 위해 한없이 애쓴다. 그들이 이렇게 하는 이유는 그럴 수밖에 없기 때문이다. 그들은 당연히 무엇이든 자기에게 남은 알량한 자존심에 매달린다. 하지만 그리스도인들은 그런 자기 방어가 불필요하다는 것을 깨닫는다. 우리는 자신을 변화시키기 위해 자신에게 정직할 수 있다. 이런 식으로 회개는 우리의 '구원' 및 하나님이 항상 우리를 위해 계획하신 건강과 온전함에 이르는 길의 출발점과 연결된다. 회개 자체가 은혜의 선물이다.

간통을 범하며 살던 여인과 예수님의 에피소드에서 전개되던 회개의 형태를 주목해 보자(요 4:1-42). 그 여인은 물을 긷기 위해 우물에 왔다가, 예수님이 말을 걸어오자 놀란다. 그녀는 여성인데다가 또한 사마리아인이었기 때문이다. 예수님은 이런 전통적 장애물을 넘어 그 여인을 인정하고 받아들이신다. 예수님은 그녀와 대화에 참여하시고, 대화가 끝나기 전, 자신이 그녀의 죄를 알고 있고 그녀가 용서받았음을 깨닫게 하신다. 마찬가지로 예수님의 발에 눈물을 흘렸던 여인(눅 7:36-47)에 관해, 폴 틸리히는 이렇게 말했다. "예수님은 그 여인을 용서하신 것이 아니라, 그녀가 용서받았다고 선언하신다. 그녀의 마음 상태, 그녀의 벅찬 사랑은 그녀에게 무슨 일인가 일어났음을 보여 준다. 그 여인이 예수께 오는 이유는 용서받았기 때문"이지,[2] 그녀가 비참하다고 느꼈기 때문이거나, 만약 자기가 무릎을 꿇는다면 용서받을 것이라고 생각했기 때문이 아니다. 그 여인은 회개하고, 변화된 것처럼(회심) 보인다. 하지만 이런 일이 일어난 이유는 오직 그녀가 예수님의 사랑과 인정을 먼저 느꼈기 때문이다.

예수님이 전해 주신 탕자 이야기를 기억하는가?(눅 15:11-24) 소년은 '자기 인생을 살기' 위해 아버지의 집을 떠난다. 그는 "먼 나라"로 여행하여, 잠시나마 즐거운 시간을 보낸다. 하지만 그 뒤에 일이 틀어진다. 그의 돈과 친구들이 바닥난다. 어느 날 밤 그는 자유분방한 데이트 바에서 잘 나가는 친구들과 술을 들이키다가, 다음 날 밤에는 돼지우리에서 돼지와 함께 여물을 먹고 있다. 그는 스스로 유대인들이 그 무엇보다 가장 경멸했던 대상인 돼지가 되고 말았다. 그제야 "그는 제정신이 들어서"(새번역)라고 예수님은 말씀하셨다. 소년은 이렇게 말한다. "잠깐만. 내가 돼지처럼 살면서 이런 오물을 먹을 필요는 없어. 내게는 아버지가 있고, 내게는 집이 있어. 나는 그분의 아들이야. 나는 아버지께 돌아가 사람답게 살 수 있어." 나는 바로 이 '제정신 차리기'(coming to himself)를 탕자의 '회심'이라고 부른다.

탕자의 아들 신분이 그의 회심에서 시작되지 않았음을 주목하라. 그는 줄곧 아버지의 아들이었다. 물론 그는 아들답게 살지 못했지만 말이다. 집으로 가는 그의 귀향은 자기를 향한 아버지의 사랑을 기억할 때 시작된다. 그때 그곳에서 그는 집으로 돌아가기로 결심한다. 집에 가까이 가는 동안, 소년은 마음속으로 짧은 대화를 준비한다. 그는 아버지의 발 앞에 납작 엎드리고, 자기가 어리석었음을 인정할 것이고, 자기에게는 아들이라고 불릴 만한 자격이 없고, 그냥 아버지의 품꾼들 중 하나가 되는 것만으로도 행복할 것이라고 결심한다. 그런데 소년이 집에 가까이 올 때, 아버지가 달려와 그를 맞이하고 끌어안는다. 아버지는 자책하는 말이 한 마디도 나오지 못하도록 소년의 입을 막는다. 아버지는 자기 아들이 무릎을 꿇고 잘못을 실토하는 데 흥미를 느끼기보다 자기 아들이 마침내 집으로 돌아왔다는 데 훨씬 더 큰 관심을 두고 있음을 주목하자. 소년은 거지 취급을 받을 거라고 예상하지만, 아버지는 그의 손가락에 반지를 끼워 주고 그를 왕자처럼 맞이한다.

나는 우리의 복음이 어떻게 들려야 하는지 예시하기 위해 여러분에게 이 탕자 이야기를 상기시킨다. 이 이야기는 우리가 제안한 설교 개요를 따른다. 은혜에 대한 인식이 회개와 변화보다 앞선다. 자기 아버지가 '답'이라는 소년의 기억이 먼저다. 그분이 자기 아버지이고 그분이 아들을 사랑하기 때문이다. 그런 다음 소년은 자신의 문제를 인식한다. 곧 자기가 아버지의 아들이 아니라 집 없는 돼지와 비슷하게 살고 있다는 사실이다. 마침내 소년은 '회개'한다. 그는 집으로 향한다. 그는 돌아와서 아버지의 사랑이 자기가 상상했던 것보다 더 깊고 훨씬 자비롭다는 사실을 발견한다. 나는 소년이 그 뒤에 변화되었다고 장담한다. 우리는 그런 은혜와 수용을 경험하고서 변하지 않은 채 떠나올 수 없다. 그는 온전한 아들이었다. 소년은 진창에서 돼지와 함께 뒹굴기보다 한 사람으로, 한 아들로 두 발을 딛고 서기 시작했다. 그는 구원을 받았다. 예수님은 그런 불량한 자녀가 마침내 집으로 돌아올 때 온 하늘이 열광한다고 말씀하셨다. 하지만 애당초 우리에게 집과 아버지가 있기 때문에 우리가 돌아오는 것임을 결코 잊지 말자.

마지막으로, 나는 개선된 설교 모델을 옹호하면서 바울의 삶에 주목한다. 바울은 갈라디아인들에게 보낸 자전적 편지 첫 장에서 자신이 선량한 사람이었다고 말한다. 우리가 아는 한, 그는 상당히 행복한 인물이었다. 어디서도 바울은 자신이 괴롭거나 비참했다고, 자신이 가련하거나 실패자였다고 말하지 않는다. 바울은 자신이 율법을 흠 없이 따랐고 매사에 빈틈이 없었다고 주장한다. 그는 "나이가 같은 또래의 많은 사람보다"(새번역) 자신의 종교에서 앞서 있었다고 말한다. 마르틴 루터가 후대에 바울을 죄책감에 시달리는 내성적(內省的) 사람이라고 한 묘사는, 기독교로 전향하기 전 자신의 삶에 관한 바울의 말에 의해 지지받지 못한다. 그런 그림은 바울보다는 루터 자신의 내면생활과 훨씬 비슷하다. 바울에게 비참함은 구원과 치유의 전제 조건이 아니었다.

그런 다음, 다마스쿠스 도상에서 "[하나님께서] 내 어머니의 태로부터 나를 택정하시고 그의 은혜로 나를 부르"셨다. 이 다마스쿠스 도상의 경험과 그 여파 속에서, 바울은 자신이 하나님의 아들이 아니라 집 없는 자녀와 더 비슷하게 행동해 왔음을 깨달았다. 그의 '종교' 자체가 자신의 의혹을 덮는 은폐물인 교만과 자기 의를 감추는 연막이었다는 사실에 눈을 떴다. 기독교라는 이단을 근절하기 위한 1인 운동으로 이끌었던 바울의 광적인 바리새 신앙은 사실 자기 신념의 정당성을 스스로 확신하기 위해 발버둥치는 회의자의 행동이었다. 바울이 사실상 하나님을 달래기 위해 노력하고 있었을 때, 그는 자기가 하나님을 섬기고 있다고 생각했다. 그는 자유인으로 살고 있지 못했다. 그는 자격 미달이라는 내적 두려움의 '노예'로 살아왔다. 바울이 율법에 순종해 온 것은 하나님과 동료 인간들을 향한 사랑에서 우러나온 것이 아니었다. 그는 선량한 행위를 통해 하늘에 들어가는 길을 닦고 있었다.

다마스쿠스 도상 어디선가 바울은 자신이 잊고 있던 것을 기억했다. 그는 자신이 상실했던 무언가를 찾았다. 그는 은혜를 발견했다. 아니, 은혜가 그를 발견했다고 말해야 옳을 것이다. 그곳에서 바울은 잃어버렸던 생득권을 되찾았다. 그는 그리스도 안에서 자기가 하나님께 얼마나 많이 사랑받았는지 깨달았다. 주님은 바울에게 "일어나 **너의 발로 서라**"고 말씀하셨다(행 26:16상을 보라).

바울은 로마서 8장에서 이 점을 아주 잘 지적하면서(롬 8장은 우리 인생의 시작과 마지막에 말하고 들어야 할 가장 중요한 내용으로서 모든 세례식과 장례식에서 낭독되어야 한다), 우리 모두가 너무 쉽게 잊는 사실을 상기시킨다.

> 그러므로 이제 그리스도 예수 안에 있는 자에게는 결코 정죄함이 없나니…무릇 하나님의 영으로 인도함을 받는 사람은 곧 하나님의 아들이라. 너희는 다시 무서워하는 종의 영을 받지 아니하고 양자의 영을 받았으므로 우리가 아빠 아버지라고 부르짖느니라. 성령이 친히 우리의 영과 더불어 우리가 하나님의 자녀인 것을 증언하시나니,

자녀이면 또한 상속자 곧 하나님의 상속자요 그리스도와 함께한 상속자니, 우리가 그와 함께 영광을 받기 위하여 고난도 함께 받아야 할 것이니라.

…만일 하나님이 우리를 위하시면 누가 우리를 대적하리요?…누가 능히 하나님께서 택하신 자들을 고발하리요?…누가 우리를 그리스도의 사랑에서 끊으리요? 환난이나 곤고나 박해나 기근이나 적신이나 위험이나 칼이랴?…그러나 이 모든 일에 우리를 사랑하시는 이로 말미암아 우리가 넉넉히 이기느니라. (8:1, 14-17, 31, 33, 35, 37)

덴마크의 위대한 기독교 철학자 쇠렌 키르케고르(Søren Kierkegaard)는 어디선가 이렇게 말했다. 우리 모두를 하나로 묶는 한 가지가 있다면, 그것은 우리의 망각, 우리가 얼마나 사랑받았는지 간과하는 것이라고 말이다. 우리 대부분에게 가장 큰 문제는 우리가 행하거나 행하지 않은 것, 혹은 우리가 느끼거나 느끼지 않은 것 혹은 믿거나 믿지 않은 것이 아니라, 단지 우리가 받은 사랑이 얼마나 큰 사랑인지 기억하지 못하는 것이다. 짐작컨대, 그리스도인과 일반인의 근본적 차이는 단지 그리스도인들은 자기가 사랑받고 있음을 안다는 것이다. 그들은 이 사실을 날마다 묵상한다. 이 사실이 그들의 시간을 채우고 그들의 행동을 결정한다. 이 사실이 그들에게 고통의 때에 꿋꿋함과 기쁨의 때에 의미를 부여해 준다. 우리의 대죄(大罪)는 우리가 그 사랑을 잊거나, 배반하거나, 너무 경솔하게 다룬다는 것이다. 바울의 표현대로, "예수…는 예 하고 아니라 함이 되지 아니하셨으니 그에게는 예만 되었느니라. 하나님의 약속은 얼마든지 그리스도 안에서 예가" 되신다(고후 1:19-20상).

비유

십대 소년이 교회에 입문하는 견신례 상황에 대한 다음 비유를 들려준 한 젊은 루터교회 목사에게 감사를 전한다. 내 생각에, 이 비유는 하나님의 사랑이 우리를 참회하는 죄인으로서 무릎을 꿇리려고 하기보다는, 우리가 하나님의 자녀로서 두 발을 딛고 설 수 있도록 힘을 주신다는 점을 아름답게 표현하고 있다.

옛적에 한 어린 사자가 정글에서 살고 있었다. 그는 동물의 왕, 고귀한 사자 가문에서 태어났다. 하지만 이 어린 사자가 아직 새끼였을 때, 어느 날 밤 어떤 일이 일어나면서 그는 부모와 가족으로부터 떨어지게 되었다. 무슨 연유로 이별했는지는 나도 모른다. 아마 지진이나 앞을 볼 수 없는 폭풍 때문이었을 것이다. 아무튼, 다음 날 아침 어린 사자가 깨어났을 때, 그는 세상에서 완전 외톨이 신세였다. 그는 가족과 집을 찾아 정글 여기저기를 배회하기 시작했다.

마침내, 아주 오랜 시간을 걸은 뒤, 어린 사자는 목초지에서 풀을 뜯고 있던 양 한 무리를 만났다. 그는 정글 밖으로 나와 푸른 잔디를 뜯고 있는 양들을 지켜보았다.

'저들이 내 가족임에 틀림없어.' 어린 사자는 혼잣말을 했다. '저쪽으로 가서 저들과 합류해야지.'

어린 사자는 건너가서 양 떼와 합류했다. 하지만 양들은 그에게 거의 관심을 기울이지 않았다. 그는 양들과 그냥 섞일 정도로 아주 작았다. 어린 사자는 양들이 풀을 뜯는 동안 그들을 지켜보았고, 그들을 흉내 내 보려고 했다. 그는 그냥 양 떼의 일원이 되고 싶었다. 처음에 뜯은 풀 몇 입은 입에 맞지 않았다. 또 풀을 뜯기 위해 목을 숙이자 목이 아프기 시작했다. 하지만 열심히 노력하여, 며칠 후 그는 요령을 터득했고, 다른 모든 양만큼 풀을 잘 뜯을 수 있었다. 또한 그는 다른 양들처럼 '매' 울어 보려고 애썼다. 하지만 어린 사자의 '매' 소리는 제대로 된 소리가 아니었다. 낮에 그는 밖으로 나가 양들과 함께 목초지를 돌아다닐 것이고, 밤에는 나머지 양 떼와 함께 옹기종기 모일 것이다. 그의 털은 다른 양들만큼 길고 부드럽게 자라지 않는 것처럼 보여 난처했다. 하지만 양들은 전부 풀을 뜯고 우두머리를 따라가느라 너무 바빠서 그를 주목하지 않았다. 그래서 어린 사자도 그냥 계속 풀을 뜯고 양 떼의 리더를 따라갔다. 사실 그는 집을 찾아 다행이라고 여기기 시작했다.

그러던 어느 날 이 모든 것을 바꾸어 놓은 일이 벌어졌다. 양 떼가 밖으로 나가 목초지에서 풀을 뜯고 있을 때, 지축을 흔드는 우레같이 우렁찬 포효가 정글에서 울려 나왔다. 양들은 모두 즉각 풀 뜯기를 멈추고 두려움에 휩싸여 옹기종기 모였다. 그때 거기서 우람하고 기품 있는 사자가 정글 밖으로 걸어 나왔다. 사자는 지축을 흔드는 포효를 한 번 더 내질렀다. 양 떼의 우두머리는 걸음아 날 살려라 하면서 최대한 빨리 내달리기 시작했고, 다른 모든 양이 우두머리를 따라갔다.

그런데 무언가가 어린 사자에게 양들과 함께 달리지 말라고 말했다. 정글에서 모습을 드러낸 웅장한 자태에서 무언가가 그를 사로잡았다. 그는 사자 때문에 두려움을 느끼는 동시에 그에게 끌렸다. 그때, 큰 사자가 또 한 번 포효하면서 어린 사자에게 말을 걸었다.

"대체 너는 지금 무슨 짓을 하고 있는 거냐?" 사자가 물었다. "누구요? 저요?" 어린 사자가 대답했다.

"그래, 너 말이야. 저 양들과 돌아다니면서 대체 무슨 일을 하고 있는 거냐? 풀을 뜯다니? 또 '매' 울다니? 네 모습도 우스꽝스럽고, 네 울음소리도 우스꽝스럽구나."

"하지만 나는 풀을 뜯고 '매' 울어야 해요." 어린 사자가 말했다. "양들은 모두 그렇게 해요."

"너는 양이 아니잖니!" 커다란 사자는 정글 전체가 흔들릴 만큼 큰 소리로 포효했다.

"제가 양이 아니라고요?" 완전히 미궁에 빠진 어린 사자가 물었다. "아무렴! 네 모습을 보아라. 이리로 와서 이 물 웅덩이에 비친 네 모습을 보라고."

어린 사자는 큰 사자가 서 있는 물웅덩이 쪽으로 쭈뼛대며 조금씩 이동했다. 그는 물웅덩이 가장자리에 서서 물속을 들여다보았다. 화들짝 놀랍게도, 그곳에서 그는 털이 부드러운 흰 양이 아니라 작은 사자를 보았다. 큰 사자만큼 크고 강한 모습은 아니었지만, 그럼에도 분명 사자였다.

"보려무나." 큰 사자가 말했다. "그 이빨, 그 눈, 그 가죽, 그 발톱은 양의 것처럼 보이지 않는구나. 너는 우리 중 하나다. 너는 사자야."

그의 말이 옳았다. 어린 사자는 그의 말이 옳다는 것을 알 수 있었다. 어린 사자는 지금껏 자신이 아닌 다른 무언가가 되려고, 자신이 정말 원하지 않았던 무언가가 되려고 애써 왔음을 깨달았다.

그때부터 어린 사자는 진짜 사자가 되었다. 그는 빼어난 사자들과 어울려 포효하고 사냥하고 정글을 통솔하는 법을 배웠다. 그는 그냥 양 떼의 우두머리를 따르는 것이 아니라, 자립하는 법을 배웠다. 그는 자신이 누구인지 또한 자신이 정말 어떤 존재가 되어야 하는지 깨달았다.

이 이야기 속 어딘가에 우리 각자에게 주는 한 가지 교훈이 있다.
"보라, 아버지께서 어떠한 사랑을 우리에게 베푸사 하나님의 자녀라 일컬음을 받게 하셨는가. 우리가 그러하도다"(요일 3:1).

4
기독교는 미숙한 자를 위한 것이 아니다

나는 고린도 교회에 보낸 편지에서 바울이 한 말을 나의 텍스트로 삼는다. 고린도 교인들에게는 여러 문제가 있었다. 방언하는 사람들, 자기 의, 식탐, 성, 무지 등과 관련된 여러 문제였다. 요컨대, 고린도는 이제껏 실존했던 다른 모든 교회와 대략 비슷한 교회였다. 바울은 그들에게 이렇게 전한다. "내가 어렸을 때에는 말하는 것이 어린아이와 같고 깨닫는 것이 어린아이와 같고 생각하는 것이 어린아이와 같다가 장성한 사람이 되어서는 어린아이의 일을 버렸노라"(고전 13:11). 이 진술은 신약성경에서 가장 우아한 부분 중 하나인 바울의 유명한 '사랑의 찬가' 한가운데 나온다. 그는 고린도 교인들이 기독교적 사랑의 결핍으로 인해 고통을 겪고 있다고 말한다. 그리고 여기서 그는 무엇이 기독교적 사랑을 특별하게 만드는지 설명한다.

나는 이 구절을 아주 소중히 여기지만, 바울이 "내가 어렸을 때에는…장성한 사람이 되어서는 어린아이의 일을 버렸노라"라고 말하는 이유가 무엇인지 늘 궁금했다. 아이같이 행동하는 것이 사랑이나 사랑의 결여와 무슨 관련이 있는가? 바울의 말은 그리스도인답게 사랑하기 위해, 너희가 성인이 되어야 한다는 뜻인가? 너희는 성인이 되어 어린아이의 특성을 버려야 하는가? 나는 이것이 바로 바울이 말하는 바라는 결론에 이르렀다.

예수님이 '어린아이같이 되는 것'에 대해 무엇을 의도하셨든, 그분은 우리가 애 같아지는 것을 의도하시지 않았다. 우리는 모두 '어린아이 같은' 믿음의 미덕과 어린아이의 '순수함과 단순함'을 극찬하신 예수님의 말씀에 대한 설교를 들은 적이 있다. 지금까지 내가 들었던 바 '어린아이처럼 되라'고 촉구하는 설교들은 대부분 어린아이들과 성인들에게 모욕을 준다. '어린아이 같은 믿음'은 십중팔구 어떤 사람이 정서적으로 불안하고, 삶에 대해 불안할 만큼 순진하고, 생각하지 않은 선천적 성향을 갖고 있다고 지적하는 세련된 방법이다. 예수님은 현실 세계와 그 악 한복판에 살아가는 용기 있는 삶의 강인하고 억척스런 본보기를 우리에게 보여 주셨는데, 그분은 '어린아이 같은 믿음'의 모습에 들어맞지 않는다. 그분의 삶에는 아이 같은 구석이 전혀 없었다.

하지만 우리에게 성장은 쉽지 않다. 우리가 발길질하고 비명을 지르면서 어머니의 자궁 밖으로 이끌려 나올 때부터, 등교 첫날에 자립심을 갖고 문밖으로 나설 때까지, 고등학교 졸업식 날 밤에 문득 우리가 혼자임을 깨달을 때까지, 성장 과정이 얼마나 고통스러울 수 있는지 우리는 안다. 성숙은 삶에서 자립심을 기르고 백 번이라도 위험을 무릅쓰라고 우리에게 요구한다. 이 모험은 위험하고 두렵다.

성숙이 반드시 나이와 관련 있는 것은 아니다. 우리는 모두 자기 부모보다 훨씬 성숙한 십대들을 알고 있다. 또한 우리는 50대에 갓난아이처럼 행동하는 사람들을 본 적이 있다. 성숙이란 우리의 행동에 대해 책임지고, 자기 자신 외에 다른 사람에 대해 염려하고, 현실을 직시하는 것을 의미한다. 나이와 상관없이, 우리 모두의 내면에는 무서워하면서 엄지손가락을 빨고 있는 의존적인 아이가 도사리고 앉아 우리를 유아기로 데려가 주기를 기다리고 있다는 사실을 정신과 의사가 우리에게 말해 줄 필요는 없다. 바울이 촉구하는 바를 실행하기란, 성장하여 아이 같은 방식을 버리기란 결코 쉽지 않다.

또한 교회는 사람들이 성장하도록 돕기는커녕 사람들을 애 취급하면서 유치함을 강화하는 경우가 비일비재하다는 사실이 나를 난처하게 만든다.

가령, 목사는 종종 각양각색의 아이들을 거느리는 부모로 묘사된다. 로마 가톨릭 전통에서 성직자가 '신부'(Father)라고 불리는 것은 결코 우연이 아니다. 많은 교회에서 목사는 교회의 아버지나 어머니 같은 인물이 된다. 목사는 조언자, 고해 사제, 중재자, 훈육 교사, 성만찬상의 인자한 전제 군주가 된다. 그리고 대다수 사람들이 이를 좋아한다. 〈능력의 시간〉(The Hour of Power)의 텔레비전 유명인사, 로버트 슐러(Robert Schuller) 박사는 사역자들을 향해 회중의 당당한 독재자가 되라고 촉구한다. 슐러는 이러한 성직자 가부장주의가 회중의 규모를 더 키울 것이라고 장담한다. 아마 충분히 자란 어린아이들이 그리스도가 아니라 엄마와 아빠를 찾고 있는 것을 볼 때, 슐러의 방법은 성공을 거둔 것 같다. 무엇을 하고, 무엇을 생각하고, 어떻게 행동하는지 말해 줄 수 있는 검은 사제복을 입은 사람이 있다고 생각하면, 혹시 안심이 될 수도 있다. 아마 안심이 될 것이다. 이것이 현실에 영합하는 것인지 아니면 기독교적인 것인지 여부는 또 다른 사안이다. 언젠가 한 신학교 교수님은, 유능한 사역자가 되겠다는 희망을 품기 전에 내 머리카락이 아버지의 흰색 머리카락으로 바뀔 때까지 기다려야 할 것이라고 말해 준 적이 있다. 내 머리카락은 흰색이 되기도 전에 빠지고 있는 것 같다! 아, 그렇지, 대머리 아버지도 있긴 하다.

앞서 우리는 오늘날 상당수 설교의 지배-구출 스타일을 검토했다. 이러한 설교 스타일은 많은 회중에 만연해 있는 부모-자녀 분위기와 잘 어울린다. 설교자는 강단에 올라가 버릇없는 자녀들을 꾸짖고, 그들의 단점을 드러내고, 그들의 문제점을 부각시킨다. 그에게는 질책하고 꾸짖을 권리가 있다. 그는 회중의 최고 훈육자요 부모 역할을 하는 자이기 때문이다. 아이들이 무슨 말을 하든, 아이들은 대부분 권위 상징을 좋아하고, 무엇을 해야 할지 자기들에게 말해 줄 누군가에게 의존하기를 기뻐한다. 거의 모든 아이들 모임에는 권위 상징이 되어 주위의 다른 모든 사람을 부리기 좋아하는 사람이 항상 있다. 아이들의 모든 패거리에는 리더 혹은 악당과 생각 없는 추종자 무리가 존재한다. 너무나 많은 사역자들이 이런 부모-자녀 증후군의 자발적 희생자가 된다. 부모-자녀 설교의 함의는 이것이다. 곧 아버지/어머니의 종교가 우리를 지배하도록 고분고분 승낙하기만 한다면, 아버지/어머니는 반드시 우리를 곤경으로부터 구출해 주실 것이다. 또한 아버지/어머니가 제일 잘 안다.

아버지/어머니 사역 스타일이 전부 다 나쁜 것은 아니다. 우리 모두 아버지와 어머니가 필요하다. 개인적 위기와 혼란의 시기에, 우리 어깨 위에 있는 아버지나 어머니 같은 목회자의 지혜롭고 단단한 손이야말로 우리를 위로하고 기운을 북돋우기 위해 필요하다. 아버지와 어머니가 부재한 현대 세계에서, 부모의 영향력과 본보기를 가질 자녀들의 권리가 종종 부정 당하는 현대 세계에서, 대리 부모 역할로 봉사하는 사역자는 많은 사람들에게 필요하다고 하겠다.

하지만 기독교 신앙은 사람들로 하여금 지상의 부모만이 아니라 하나님의 자녀로서 자신의 자존감을 찾도록 돕는 데 관심을 둔다. 믿음이란 자기 두 발로 대담하게 서는 독립성, 그리고 타인들을 위한 용기 및 위험 감수와 관련 있다. 만일 우리가 우리를 대신하여 믿어 줄 어떤 아버지나 어머니 상징에게 영원히 의존하고 있다면, 우리는 혼자서 믿음을 발견할 수 있을까? 최고의 목회자는 사람들을 자기 자신이 아니라 하나님께 인도하는 사람이다. 최고의 사역자는 사람들로 하여금 자기를 찾는 여정이 아니라 믿음의 길을 걷도록 이끄는 사람이다.

나의 한 친구 목사는 자기 교회가 거대하고 캄캄한 자궁같이 나오는 꿈을 꾼 적이 있다고 말했다. 그 자궁 안에는 많은 사람들이 앉아서 태어나기를 기다리고 있었지만, 실은 태어나기를 바라지 않았다. 그가 꾼 꿈에서, 목회자로서 그의 임무는 사람들을 자궁 밖으로 밀어내는 것, 산파 역할을 하는 것, 사람들의 출산을 돕는 것이었다. 다시 말해, 사람들이 태어나도록, 그래서 성장하도록 돕는 것이었다. 이는 사역자가 되는 것과 교회가 되는 것이 어떤 의미인가에 대한 나쁜 정의는 아니다. 하지만 예수님은 "너희가 다시 **태어나야 한다**"고 말씀하셨을 때, 이것이 그분이 의도하셨던 바에 가까울 수 있을까?

우리는 참된 믿음에는 분명 성숙한 특성이 수반된다고 말했다. 그리스도인의 믿음은, 그리스도인의 사랑과 마찬가지로, 성숙과 균형과 책임감 있고, 합리적이고, 대담하고, 이타적인 특성을 갖고 있다. 하지만 그리스도인의 성숙은 육체적이거나 정서적인 성숙만큼 달성하기 힘들고 고통스러울 수 있다. 그래서 그리스도인의 믿음은 온전하고 성숙한 성인의 믿음을 대신하는 숱한 유아 대체물 때문에 애먹는다. 명백히 진지한 믿음의 표현을 불공정하게 다루는 위험을 일부 감수하고서(진지하다는 사실만으로 어떤 것이 진실이 되는 것은 아니라는 점을 여러분에게 상기시키고 싶다), 나는 참된 믿음을 대신하는 미성숙한 대체물이 무엇인지 보여 주는 몇 가지 사례를 제시하겠다.

1. 엄청난 추종자를 둔 미성숙한 믿음의 첫 번째 표현은, 더 나은 표현이 없어 아쉽지만, '근본주의'(Fundamentalism)라고 불린다. 근본주의란 기독교 신앙의 '근본'(fundamentals)에 대한 엄격한 고수를 주장하는 기독교의 한 형태다. 물론 이런 형태는 훌륭하지만, 기독교 신앙의 근본이 정확히 무엇인가에 관해서는 우리 가운데 불일치가 존재한다. 대부분의 근본주의자들은 어떤 사람이 스스로 그리스도인으로 자처한다면 절대적으로 어떤 신념이 필요한지에 대해 아무런 의심도 없는 것 같다. 곧 성경 문자주의, 성경의 기적, 예수님의 부활, 동정녀 탄생 등이다. 실제로, 내가 만난 대부분의 근본주의자들은 어떤 것에 대해서도 의심을 품지 않는 것 같다. 사실, 근본주의자에게 의심은 더할 나위 없는 죄다. 많은 근본주의자

들은 자신이 근대에 발생한 신앙의 침식에 맞서 기독교의 순수하고 기본적인 본질의 수호자라고 여긴다. 만약 여러분이 정확히 무엇을 믿어야 하는지 확신하지 못한다면, 그들은 여러분에게 아주 기쁘게 설명해 줄 것이다. 그들은 하나님께 옹호자들이 필요하다고 말하며, 그들은 현대의 독설가들에 맞서 황급히 하나님을 옹호할 것이다.

나는 왜 이런 강한 믿음과 확고한 신앙을 '미성숙하다'고 말할 수밖에 없는가? 첫째로, 대부분의 근본주의자들, 그리고 내가 아는 대부분의 아이들은 자신이 옳아야 하고, 거의 모든 사람에게 틀렸다고 말하려는 과도한 욕구를 느낀다. 지적 분별력이 부족하고 모호한 삶에 대한 인내심이 부족한 아이는, 온 세상을 흑과 백, 선과 악으로 나누려고 필사적으로 노력한다. 아이들은 대부분 흑과 백 사이에 다양한 회색 지대가 있고, 절대 선과 절대 악 안에 여러 상대적인 것이 있을 수 있다는 생각에 위협을 느낀다. 성장의 고통의 한 부분은 삶과 삶의 결정이 그렇게 쉽지 않다는 사실을 깨닫는 것이다.

둘째로, 기독교 근본주의자들이 가진 이른바 확고한 신앙과 흔들리지 않는 믿음은 겉으로 보이는 것만큼 그렇게 단단하지 않을 수 있다. 심리학자들의 말에 따르면, 열성 신자(True Believer)의 광적이고 전면적인 헌신은 흔히 골치 아픈 내면의 의문과 불안을 가리는 일종의 덮개다. 아이들은 자기가 틀리는 경우가 너무 많다고 느끼기 때문에, 옳아야 한다는 과도한 필요성을 느낀다. 항상 밖에 나가 자신의 명분을 위해 타인을 개종시키고, 크게 소리쳐 다른 모든 사람을 침묵시키고, 다른 모든 사람을 자신이 믿는 신념으로 회심시키려고 하는 광신자는, 실은 자기 자신을 설득하기 위해 필사적으로 노력하는 것일 수 있다. 그런 사람들에게, 기독교는 반드시 고수해야 할 일련의 규범, 일련의 신념이 된다. 회의주의자들은 축출되어야 한다. 어떤 의문도 제기되어서는 안 된다. 성경은 다른 모든 사람을 두들겨 부수기 위해 인용해야 하는 신성한 규율서 비슷한 것이 된다. 그리스도인의 삶은 내부자와 외부자를 분리하는 배타성의 증표가 된다.

그런데 예수님은 사람들이 '올바른' 믿음을 가졌다고 확신하는지 점검하는 데 얼마나 관심을 두셨을까? 우리는 근본주의자들이 그토록 본질적이라고 주장하는 신념 목록을 예수님 자신이 옹호하는 모습을 어디서 찾을 수 있을까? 삶을 위한 권위 상징과 규범서로 성경을 사용하는 것은 위험천만한 일이고 성경을 더없이 부당하게 다루는 것이다. 셰익스피어의 말처럼, "악마는 자신의 목적에 부합하는 성경을 인용할 수 있다."[1] 성경은 봉우리와 골짜기, 불일치, 다양한 관점, 그리고 서로 다른 믿음의 표현으로 점철된 생생한 믿음의 증언이다. 성경은 우리에게 올바른 방향을 지시하는 나침반이 될 수 있지만, 디뎌야 할 모든 발걸음과 행해야 할 모든 행동을 말해 주는 상세한 지침서는 아니다. 아브라함이 안전한 집을 떠나 미지의 땅으로 떠나는 모험을 감행했을 때 깨달았듯이, 살아 계신 하나님을 뒤따르는 데는 항상 약간의 위험과 불안이 상존한다. 근본주의는 기독교를 (CCC의 소위 '사영리' 같은) 일련의 단순한 규범과 신념으로 환원함으로써 믿음의 위험 요소를 제거하려고 노력한다. 하지만 참된 믿음은 신뢰를 내포하고, 가끔 참된 믿음은 우리의 일부 질문들이 여전히 대답되지 않고 우리의 일부 의심들이 해소되지 않았는데도 신뢰한다는 의미다. 이러한 불확실성과 위험을 믿음에서 제거하려는 시도는 유치한 기대일 뿐이다.

2. 미성숙한 종교의 또 다른 표현은 현대의 메시아를 파악하려는 시도다. 요한계시록은 거짓 구세주와 참 구세주가 있다고 말한다. 메시아처럼 보이는 모든 사람이 메시아는 아닐 것이다. 역사는 젊은이들과 아이들이 종종 사기꾼과 신격화된 인간의 첫 희생자였음을 누누이 보여 주었다. 중세 시대의 끔찍한 소년 십자군(Children's Crusade)과 우리 시대의 히틀러 소년단 운동(Hitler Youth Movement)이 떠오른다. 아마 아이들은 이런 거짓 리더십을 선뜻 받아들이는 것 같다. 그 이유는 세월이 이따금 사람들에게 주는 균형 감각과 시각이 그들에게 부족하기 때문이다. 대개 우리 모두는 자신이 아주 깊이 신뢰했던 사람에게 실망하는 고통스런 경험을 몇 차례 겪은 뒤, 사람은 사람일 뿐이고 더 나아가 최고의 사람들에게도 약점과 흠이 있다는 깨달음에 이른다. 극단주의는 젊은이들에게 내재

하는 위험이다. 젊을 때 우리는 진리의 단편을 갖고서 진리를 전부 소유했다고 생각한다. 대학 신입생이 자칭 지혜롭다고 하는 것보다 더 무지한 것은 없다. 아는 게 적을수록, 우리는 모든 것을 알고 있다고 스스로 확신하기가 훨씬 쉽다.

우리 시대에, 우리는 숱한 자칭 구원자와 그들을 뒤따르는 아이 같은 추종자들을 보았다. 이러한 현대 메시아니즘의 두드러진 본보기가 문선명의 통일교다. 문선명은 탈기독교의(post-Christian) 옷을 입은 한국식 유교와 청교도주의, 맹렬한 반공산주의의 혼합물을 제시한다. 문선명은 자기가 예수님이 실패하신 일을 위해, 즉 세상에 하나님 나라를 건설하기 위해 하나님이 택하신 예언자라고 여긴다. 수백만 달러에 달하는 문선명의 산업 왕국, 억압적인 한국 정부에 미치는 영향력, 그리고 종교 제국은 그 자체로 인상적이다.

그를 따르는 무수한 추종자들['무니스'(Moonies)라고 불리기도 하는]에게 미치는 문선명의 호소력의 원천은 어렵지 않게 찾을 수 있다. 그는 워터게이트(1972년 미국 대통령 재선을 위해 닉슨 대통령 재선기구가 민주당 본부가 있는 워터게이트 빌딩에 들어가 불법 도청을 한 사건-편집자) 이후(post-Watergate) 세대에게, 베트남 전쟁 이후(post-Vietnam) 세대에게 대부분의 현대 기독교 표현에서 결여된 끈끈한 공동체 생활, 엄격한 도덕 훈육, 종교적 헌신과 희생의 기회를 제공한다. 문선명은 미국 교회가 '노인 세대 시민들의 본거지가 되어' 젊은이들이 소외되고 있다고 비난한다. 우리는 그의 비판에 어느 정도 타당성이 있다고 인정한다. 하지만 문선명이 제시하는 대안 종교는 균형을 잃은 어린아이 같은 종교다. 문선명의 새 회심자 모집의 핵심에는, 문선명이 세상의 구원을 위한 하나님의 유일한 희망이라고 개종자가 확신하는 정교한 세뇌 시스템이 있다. 문선명은 추종자들에게 "내가 여러분의 두뇌다. 생각은 내가 해야 한다"라고 뻔뻔하게 말한다. 그의 추종자들은 학력이 낮지 않다. 미국에 있는 '무니스'의 85퍼센트는 대학 졸업자들이라고 한다.

단순한 해결책이나 손쉬운 대답은 거의 없는 복잡하기 이를 데 없는 세계에서, 우리 모두 핵 멸절 위협의 그늘 아래 서 있는 세계에서, 사고하지 않는 문선명의 광신주의에는 뿌리치기 힘든 호소력이 있다. 문선명 추종자들의 일편단심과 비교할 때 우리가 보여 주는 피상적 종교성은 대부분 무색해지고 만다. '무니스'가 되기 위해 집을 나온 청년들의 부모들은 대부분 이 현대판 메시아에게 자녀를 '잃은' 비극을 정당하게 지적하는 반면, 이 새로운 '무니스'의 일부 부모들은 자기 자녀들을 갱생시키고, 약물을 끊게 만들고, '다시 믿을 만한 것'을 그들에게 주었다며 문선명을 찬양한다. 하지만 이것이 참된 종교의 역할일까? '약물 중독'에서 '문선명 중독'으로 가는 이동이 엄청난 진보는 아니다. 그의 젊은 추종자들 가운데는 한 가지 중독 형태에서 다른 형태로 바뀐 경우가 비일비재하다.

2년간 문선명 운동의 헌신적 추종자로 지낸 한 젊은 여성의 이야기를 읽은 기억이 난다. 이 소녀의 이전 사역자는, 문선명의 영향력에서 자기 딸을 떼어 내기 위해 애쓰던 양친의 성화에 못 이겨, 문선명의 공동체 중 한 곳까지 뒤를 밟았고, 집으로 돌아오도록 소녀를 설득하려고 했다. 소녀의 말에 따르면, 그 사역자는 여러 성경 본문을 인용했고, 그 가운데 한 구절이 소녀의 마음을 사로잡았다. "진리가 너희를 자유롭게 하리라"(요 8:32하). 진리는 여러분을 **자유롭게** 해야 한다.

나는 이 깨달음이 그 순간 소녀가 크게 성장하도록 도와주었다고 생각한다. 소녀는 자신이 새로 발견한 종교가 한 남자 곧 그의 인격과 그의 신념, 그의 이상, 그의 자아, 그의 야망에 얽매이는 예속이었음을 깨달았다. 소녀는 강제로 자기 가족과 친구들, 생각, 개성을 포기해야 했다. 예수님이 가르치신 종교는 우리를 예속하기보다는 자유롭게 하는 생활 방식이었다. 그리스도 안에서 우리는 다른 사람들을 자유롭게 사랑할 수 있도록, 우리 자신을 자유롭게 사랑한다. 우리는 우리의 생각과 하나님이 주신 달란트와 독특한 개성을 자유롭게 사용한다. 우리는 자유롭게 무엇이든 전부 될 수 있다. 아이 같은 믿음은, 우리가 구원을 받으려고 한다면 우리 자신 외에 다른 것이 되어야 한다고 말한다. 아이 같은 믿음은 우리를 지배하기 위해 우리의 인격과 우리의 질문, 우리의 독특성을 억누른다. 혼란스러운 세상에서, 문선명 목사가 제시하는 것처럼 참된 믿음의 유아 대체물이 전하는 유치한 지배는 솔깃해 보일 수 있다. 하지만 그들이 제시하는 위안은 오래가지 못한다. 진리이신 그분(the Truth)에 의해 자유롭게 되는 것이 정말로 자유롭게 되는 것이다.

3. 기독교 신앙의 미성숙한 표현에 대한 마지막 사례, 실리적 접근은, 오럴 로버츠 목사의 메시지다. 로버츠 박사는 오랜 세월 자신의 성장과 성숙을 어느 정도 이룬 듯 보인다. 몇 해 전 로버츠의 이미지, 곧 자신에 대해 과장된 주장을 했던 천막 부흥사요 현란한 치유자로 기억하는 이들은 이제 그가 다르게 보인다는 점에 주목한다. 그의 스타일이 변했다. 그는 이제 주류 교단의 구성원이고, 수백만 달러 규모의 복음 전도 단체의 지도자이며, 그의 이름을 달고 급격히 성장하고 있는 대학교의 총장이다. 하지만 어떤 면에서, 육체의 치유는 덜 강조하고 심리적 질병(우울증, 좌절감, 고독)의 치유는 더 많이 강조하면서 그의 이전 스타일이 수정되었다 하더라도, 로버츠는 여전히 우리를 병들게 하는 일들이 기적을 통해 치유될 것이라는 메시지를 제시한다.

로버츠가 '종자 믿음'(Seed Faith) 개념에서 요약하는 그의 단순한 신학은 사람들에게 '풍성한 삶'의 세 가지 원리를 제시한다. (1) 하나님은 당신의 원천이시다. (2) 주라, 그러면 당신이 그대로 받을 것이다. (3) 기적을 기대하라. 그의 책 『종자 믿음의 기적』(*Miracle of Seed Faith*)은 백만 부 이상 팔렸다. '풍성한 삶'에 이르는 핵심 단계는 '축복 약속'(Blessing Pact)인데, 이로써 우리는 영적 축복과 더불어 금전을 기대하면서 (가급적 로버츠의 사역에) 헌금하겠다고 서약한다. "만일 하나님이 여러분의 재정적 필요를 채워 주시기 원한다면, 재생산과 증식을 위해 **하나님께 종잣돈을** 드리라." 로버츠는 '축복 약속' 서론에서 이렇게 말한다.[2]

"그리스도인이 되는 것은 지금껏 사람이 체결한 최고의 거래다." 로버츠는 이렇게 말하면서, "우리가 하나님께 진 빚보다 보상의 법칙을 강조"해야 한다고 주장한다. 그는 종자 믿음 개념을 기독교의 전통적인 십일조 사상과 차별화한다. "십일조를 할 때, 여러분은 수입을 얻은 뒤에 바친다. 종자 헌금을 할 때, 여러분은 보상을 기대하면서, **미리** 바친다." 기적을 얻기 위해 우리는 기대의 '종자'를 뿌려야 한다. 자신의 책 『그리스도의 기적』(*Miracles of Christ*)에서 로버츠는 하나님이 기적을 기대하는 이들에게만 기적을 주시고, 기적은 우리의 빈약한 은행 잔고부터 치통에 이르기까지 모든 것의 치료제가 될 수 있다고 말한다. 기적을 염원하는 확고한 기대가 기적의 보상을 낳지 못할 수도 있다는 암시는 눈곱만큼도 없다. **만약** 우리가 종자 믿음 기술을 철저히 고수한다면, 로버츠에게 실패나 하나님의 부정적 응답은 가능해 보이지 않는다. 그는 "항상 효과를 발휘한다"고 말한다.[3] 이는 어린이 연극 〈피터 팬〉(Peter Pan)의 한 장면을 떠오르게 한다. 그 장면에서 피터 팬은 모든 아이에게, 만약 그들이 그냥 전부 눈을 감고 요정을 아주, 아주 굳게 믿기만 한다면, 요정 팅커 벨이 나타나 그들에게 여러 가지 놀라운 일들을 해 줄 것이라고 말한다.

재차 반복하지만, 미성숙한 다른 여러 믿음의 대체물과 마찬가지로, 로버츠의 단순하고 실리적이고 사업적인 종교 접근법은 호소력을 갖고 있다. 그런데 이것이 특별히 기독교적인 호소일까? 이것이 기도하는 방법일까? 기도란 단지 하나님의 팔을 비틀어 우리가 원하는 것을 얻어 내는 기술에 불과할까? 대체 성경 어디에서, 우리가 응답받기 원하는 대로 모든 기도가 응답받을 것을 믿으라고 하는가? 고난이나 고통이나 희생의 위험 없이 우리가 인생에서 원하는 것을 전부 얻을 것이라는 말은 어디 있는가? 나는 여기서 예수님이 아주 진지하게 기도했지만 아무런 응답도 얻지 못하셨던 겟세마네의 장면이 생각난다! 로버츠의 손에서 기독교는, 그리스도께서 자기를 위해 해 주실 것 때문에 그리스도를 따르는, 사욕을 추구하는 이기적인 그리스도의 제자들이 선물과 보상을 얻는 실용적 방법으로 전락하고 만다. 기적은 하나님이 세상의 고통 속으로 들어오시는 뜻밖의 신비한 개입이 아니라, 올바른 말을 하고 올바른 길을 믿을 때 주어지는 당연한 흥정용 보상이 되고 만다. 로버츠는 기적을 주술로 바꾸어 놓았다.

오럴 로버츠는 부분적으로 성공을 거두었다. 그는 고난이나 실패의 위험 없이 하나님을 따를 수 있다고 말하는 우리의 소아적 환상을 악용하기 때문이다. 그는 누구든 광야를 나와 약속된 개인적 행복의 땅에 들어가는 신속하고 수월한 3단계 여정을 약속하는 잘생긴 구원자를 따르도록 충동질하는 우리의 소아적 약점을 악용한다. 성인으로서 우리는 더 많이 알아야 한다.

　이러한 미성숙한 신앙의 세 가지 사례들 가운데 이단 사례(문선명)도 있지만, 나머지 두 사례가 특별히 잘못되었다는 말은 아니다. 분명 그 두 사례는 그 안에 진리의 알맹이를 갖고 있다. 내 말은 단지 그들이 미성숙하고, 예수님이 전하신 그리스도인의 삶과 소망의 풍성함에 미치지 못하는 것을 우리에게 제공한다는 의미다. 그들은 우리 대다수에게 절실하게 필요한 것이 고기일 때 이유식을 준다. 바울은 한 편지에서 교회 안의 '영적 어린아이들'은 성인의 음식물을 취할 수 있기 전에 이유식을 먼저 먹어야 한다고 말한다. 그는 이 신생 그리스도인들이 틀렸거나 길을 잘못 들었거나 악하다고 꾸짖지 않는다. 바울은 단지 그들이 믿음에 있어서 아직 아이라는 점에 주목했다. 그들은 성장해야 한다. 바울은 그들을 비웃지 않고, 대신 이런 믿음의 아이들로 인해 감사한다. 하지만 바울은 영적인 **성인**, 진짜 믿음의 고기를 소화할 수 있고, 우리가 삶에서 마주해야 하는 아주 힘겨운 질문에 질식당하지 않고 그것을 물어뜯을 수 있는 성인들을 두고 기뻐한다는 사실을 주목하라.

　바울은 모든 그리스도인에게 그와 같은 성숙을 바랐다. 그건 나도 마찬가지다.

　바울은 어린아이처럼 생각하고 행동하고 사고하는 것에 대해 말한 뒤, 성숙한 그리스도인의 사랑의 특징(친절하고, 관대하고, 인내하고, 오래 참고 등)으로 눈을 돌린다. 성인의 믿음과 대비되는 아이 같은 미성숙한 믿음과 그 대체물의 특징을 언급했으니, 이제 성숙한 믿음에 대해 말해 보자. 나는 그냥 성숙한 믿음의 몇 가지 특징이라고 생각하는 바를 제안할 것이다. 아마 여러분은 다른 특징들을 생각할 수 있을 것이다.

1. 먼저, 성숙한 믿음은 **자유**를 수반한다. 성장의 한 부분은 짜릿하고 소름 돋을 만큼 여러분의 개인적 자유가 성장하는 것이다. 어린아이 시절에 여러분은 부모에게 매여 있다. 부모들이 여러분을 위해 결정을 내리고, 여러분을 보호하고, 여러분을 지도하고, 여러분을 제한한다. 어른이 되면서 여러분은 자신의 운명과 관련해 더 많은 자유를 갖는다. 이것은 하나님과 우리의 관계 성장에도 적용되어야 한다. 세례 요한의 제자들은 예수님의 제자들이 죄인들 및 술고래들과 친하게 지내고 파티를 많이 연다는 사실에 난감해했다. 요한의 제자들은 여전히 규율과 규범의 종교에 매여 있었다. 예수님은 죄인들을 구원하기 위해 우리가 죄인들과 자유롭게 먹을 수 있고, 인종과 종교의 장벽을 자유롭게 넘을 수 있고, 삶을 자유롭게 누릴 수 있고, 자유롭게 죽을 수 있는 종교에 대해 말씀하셨다.

바울은 자신의 옛 신앙에 대해 '종노릇'와 '예속'으로 설명했다. 그는 옛 종교가 율법의 멍에에 굴복해 있다고 생각했다. 다마스쿠스 도상에서 바울은 "그리스도께서 우리를 자유롭게 하려고 자유를 주셨"음을 깨달았다. 그는 두려움으로부터 자유로웠고, 과거의 강박으로부터 자유로웠고, 자유롭게 자기 두 발로 서서 담대하게 살 수 있었다. 규율과 규범의 옛 종교는 하나님을 기쁘게 하거나 달래기 위해 올바른 행동과 말을 하려고 애쓰는 무한반복의 쳇바퀴 속에 우리를 가둔다. 또한 여러분은 항상 올바른 일을 행하거나 말하기는 불가능하다는 사실을 알고 있다. 기독교에 따르면, 우리가 올바른 일을 행하거나 말하지 않을 때에도, 하나님은 우리를 사랑하고 우리를 받으신다. 그래서 우리는 자유롭다. 그 자유를 인식한 뒤, 우리는 올바른 일을 행하거나 말하는 과제가 한결 수월해짐을 깨닫는다. 이제 우리는 두려움이 아니라 기쁨 속에서 살기 때문이다. 우리는 정당한 이유로 행하거나 말하며 방어보다는 사랑으로 반응한다.

자유는 언제나 가장 손쉽게 소유할 수 있는 것이 아니다. 우리 각 사람 안에는 자유에 대한 두려움이 존재한다. 모세는 이집트 종살이로부터 자유로 이끌기 위해 이스라엘 백성들을 들쑤셔야 했다. 가끔 미지의 자유 영역으로 모험을 감행하기보다 안전한 종살이에 머무는 것이 훨씬 쉽다. 규율의 종교는 훨씬 수월한 종교처럼 보인다. 그런 종교는 무엇을 하고 어떻게 행동하고 무엇을 생각해야 하는지 정확히 말해 주기 때문이다. 여러분은 초등학교 입학일에 집을 나설 때 들었던 느낌을 기억하고 있다. 학교라는 새로운 모험으로 들떠 있었지만, 또한 예측 가능하고 안락한 집의 안전을 벗어나는 게 두려웠다. 인생이 늘 그와 같다. 하지만 다른 모든 것이 동일할 때, 분명 하나님은 갓난아이를 사용하기보다 성장한 아이를 더 쉽게 사용하실 수 있다. 우리 어머니의 눈에 나는 항상 아이일 것이다. 30년 전에 나는 어머니의 작은 아이였다. 나는 모든 것을 전적으로 어머니에게 의존했다. 이제 나는 어머니의 큰 아이이고, 어머니의 어린아이로서 내가 할 수 있었던 것보다 어머니를 위해 더 많은 일을 자유롭게 한다. 만약 하나님이 고분고분하고 생각이 없는 로봇 군대를 원하셨다면, 그분은 분명 우리를 그런 방식으로 창조하셨을 것이다. 하지만 하나님의 영광과 위대하심의 한 부분은, 우리를 자유로운 존재로, 순종과 섬김을 값없이 줄 수 있는 존재로 창조하셨다는 것이다. "진리가 너희를 자유롭게 하리라." 얽매는 종교는 유치한 종교다.

2. 우리 기독교 신앙의 한 가지 요소가 자유라면, 다른 하나는 자발적인 **위험** 감수다. 아이들은 안정과 안전을 추구한다. 아이들의 삶이 본성상 불안하고 불안정하기 때문이다. 훌륭한 부모가 맡은 책무의 일부는 자기 자녀가 위험을 감수하도록, 주제를 넘어선 어리석은 위험이 아니라, 인생의 성장과 충만함을 위해 필요한 위험을 감수하도록 다독이고 도와주는 것이다. 기독교 신앙은 안전한 항구나 요새 섬과 잘 어울리지 않는다. 물이 너무 고요하고 잔잔

할 때, 이는 정체의 한 표현이다. 하나님이 아브라함에게 손짓하셨듯이, 예수님은 항상 우리에게 미지의 새로운 영역으로 오라고 손짓하시면서 '우리보다 앞서 가'신다. 바리새인들의 종교는 위험이 거의 없는 안전 구역이다. 그들은 자기들에게 정확히 무엇을 기대하는지 또한 '훌륭한' 사람이 되기 위해 정확히 무엇을 해야 하는지 알았다. 하지만 예수님은 그들의 죽은 종교를 강타하시면서, 그들이 무덤처럼 싸늘하다고 말씀하셨다. 바리새인들은 자기들의 옛 시대 종교의 편안한 안전에 너무 매여서 자기들 가운데로 오시는 구세주의 기적에 눈을 감았다. 우리는 그리스도인으로서 자유롭게 위험을 감수하고, 질문을 던지고, 회의하고, 과감한 일들을 시도한다. 그것은 우리가 우리를 놓지 않는 사랑, 언제나 우리 앞에서 우리를 계속 인도하시는 하나님의 사랑 안에서 안전하기 때문이다. 성숙의 한 부분은 굳은 확신 없이, 우리의 온갖 의문에 대한 대답 없이, 모든 것이 확실하지 않지 않은 채 살아가는 법을 배우는 것이다. 그런 이유로 믿음은 굳은 신념이 아니라 신뢰라고 정의하는 게 가장 좋다.

3. 아이들은 본성상 이기적이다. 아이들은 자기 자신과 자신의 필요를 먼저 생각한다. 이는 생존에 필요한 인간 충동의 필수 요소다. 아이가 배고플 때 울고 배고픔이 충족될 때까지 울음을 멈추지 않는 것은 좋다. 하지만 그 아이는 성장하면서, 주고, 나누고, 다른

사람들과 공동체 안에서 살아가는 법을 배워야 한다. 강하고 안정된 개인만이 거리낌 없이 **자비롭게 줄** 수 있다. 자신의 자아 속에서 안정적일 때에만 우리는 자유롭게 다른 사람들에 대해 관심을 갖는다. 다소 이기적이고 아이 같은 질문이 믿음으로 나아가는 첫걸음일 수도 있다. '그 안에 내게 유익한 것이 있을까?' 이것이 첫걸음일 수 있겠지만, 마지막 걸음이어서는 안 된다. 성숙한 믿음에는 '나'에서 '너'로, 이기심에서 이타심으로 가는 저 긴 여정이 수반된다.

4. 어린아이였을 때, 내가 처음으로 루트비어(root beer, 식물 뿌리로 만든 갈색의 미국식 탄산 음료—편집자)를 마셨던 그 여름이 기억난다. 루트비어는 그때까지 내가 맛본 음료 중 최고였다. 나는 첫 잔이 너무 좋았기 때문에, 다음 날 저녁 갖고 있던 돈을 전부 털어 넣어, 루트비어 한 갤런을 사서, 앉은 자리에서 전부 다 마셔 버렸다! 광고 문구대로, '죽을 만큼 좋았다!' 여러분의 생각대로, 나는 루트비어에 대해 광적이고 극단적이었다. 어린아이처럼, 우리는 한 조각의 진리만 갖고서, 알아야 할 진리 전부를 알고 있다고 여긴다.

성장의 한 부분은 **진리의 전면을 볼 수 있는 능력**, 대안을 가늠해 볼 수 있는 능력, 모든 가능성을 고려할 수 있는 능력의 향상이다. 아이들에게는 이따금 연륜이 주는 균형 감각과 시각이 부족하다. 그들은 진리가 다면적 보석이라는 사실을 보지 못하고, 그래서 보석의 한쪽 면의 광채에 빠진다. 교회 안의 이단이란 완전히 균형을 잃어버린 진리의 한 부분일 뿐이다. 세상의 종말과 최후의 심판(종말론)에 초점을 맞추는 교회들은 일요일마다 믿음의 한 측면만 강조하면서 다른 측면을 희생시킨다. 그들은 미래에 관한 억측에 매달리다가 그리스도인으로서 현재 우리의 책임을 가벼이 여기지 말라고 일깨우신 예수님의 가르침을 잊었다. 하나님이 아버지와 영, 사람을 닮으셨다는 점을 강조하는 삼위일체 교리는 이렇듯 일종의 연합 속에서 동일하신 하나님의 다양한 측면을 붙들기 위한 교회의 노력이다. 교회로서 또한 인간으로서 우리의 문제는 대부분, 우리가 균형을 잃고 진리의 일면에 함몰되어 진리의 나머지를 희생할 때 발생한다.

5. 에베소 교회에 편지를 쓰면서 바울은 에베소 교인들에게 이렇게 말했다. "이는 우리가 이제부터 어린아이가 되지 아니하여 사람의 속임수와 간사한 유혹에 빠져 온갖 교훈의 풍조에 밀려 요동하지 않게 하려 함이라. 오직 사랑 안에서 참된 것을 하여 범사에 그에게까지 자랄지라. 그는 머리니 곧 그리스도라"(4:14-15). 바울은 여기서 성숙한 믿음의 **깊이**와 대비되는 아이 같은 믿음의 충동적 특성에 주목하고 있다.

현대에는 우리 중 너무 많은 사람들이 벌처럼 이 꽃 저 꽃을 옮겨 다니면서 이곳저곳에서 단꿀을 빨고 어디에도 오래 내려앉지 않는다. 현행 기독교와 비기독교적 제의에 입문한 새 회심자들의 배경을 연구해 온 심리학자들은, 이런 많은 사람들 안에 단기간에 여러 차례 한 종교에서 다른 종교로 전향하는 지속적 패턴이 있다는 점을 주목했다. 유용한 신앙을 찾으려는 탐색은 아마 좋은 것일 수 있다. 하지만 그들의 충동적이고 얄팍한 헌신은 일종의 인격 장애일 수 있다. 그리스 신 프로테우스처럼, 우리는 잇따른 다양한 종교와 철학에 어울리도록 자신의 모습을 바꾸고 뒤틀다가 종국에는 우리가 시작할 때 누구였고 우리가 애초에 무엇을 찾고 있었는 지조차 기억하지 못한다. 성숙과 함께 깊이가, 뿌리를 깊게 내리는 것이 따라와야 한다.

6. 마지막으로, 나는 성숙이 특정한 **객관성**과 함께 온다고 생각한다. 아이들이 온갖 종류의 과장되고 상충되는 주장을 무비판적으로 수용한다는 사실은 잘 알려져 있다. 흥분에 휩싸여 시리얼 박스 뒷면에 소개된 '놀랍고, 짜릿하고, 어마어마한' 장난감을 주문했다가, 몇 주 뒤 가치 없는 저가의 쓰레기 조각만 우편물로 받았던 그때, 내가 얼마나 깊은 환멸과 교훈을 얻었는지 기억난다. 이런 고통스러운 경험들이 우리의 성장을 돕는다. 우리는 성장하면서 현실에서 물러나 현실을 평가하고, 현실의 실상을 판단하는 법을 배운다. 그렇기는 하나, 놀랍게도 영리한 수많은 사람들이 종교 영역에서 벌어지는 다소 얼토당토않은 여러 상술에 속아 넘어간다.

최근 나는 우체국에서 일부 우편 주문 사기꾼의 속임수에 대해 사람들에게 경고하는 문구를 보았다. "**너무 듣기 좋은 말은 사실이 아닐 가능성이 높습니다.**" 우리가 다양한 종교의 주장과 관련해 이 경고를 기억해야 한다는 게 내 생각이다. 기독교가 훌륭한 종교인 한 가지 이유는, 다른 여러 세계 종교와 달리, 기독교는 고통일랑 전혀 없고 행복과 기쁨만 가득한 삶을 우리에게 약속하지 않는다는 점이다. 기독교는 삶이 가끔 고통스럽고, 사람들은 가끔 거칠고 실망스럽고, 상황은 늘 우리가 작동해야 한다고 생각하는 방식대로 작동하지 않는다는 사실을 아시는 구세주에게 초점을 맞춘다. 이 구세주는 상황이 풀리지 않을 때에도 어떻게 고결함과 고마움을 잃지 않고 살아갈 수 있는지 보여 주셨다. 우리 하나님은 인간의 고통에서 멀리 떨어져 하늘로부터 듣기 좋은 상투적 표현을 남발하지 않으셨다. 우리 하나님은 세상 속으로 들어오셨고, 우리가 살아야 할 삶을 사셨고, 이로써 세상을 이기셨다. 우리의 환상이 아니라 삶의 현실에 근거한 희망의 원천이 존재한다.

아이 같은 믿음과 무비판적인 수용은 사람들을 여러 가지 끔찍한 패배에 빠뜨리기 때문에 너무 위험하다. 내가 아는 한 여성은, 비록 엉뚱했지만 선의를 품은 친구에게서, 만약 암이 치유되도록 진지하게 기도한다면, 또한 하나님이 암을 치료하실 것이라는 절대적인 믿음을 갖고 있다면, 치유될 것이라는 말을 들었다. 결국 그 여성은 환멸에 휩싸여 고독한 죽음을 맞았다. 그녀는 자신의 기도가 응답되지 않는 것을 보면서, 분명 자기가 아주 훌륭한 인물이 아니거나 혹은 하나님이 분명 아주 자상한 하나님이 아니실 거라고 굳게 믿으며 죽었다. 나는 하나님이 그 여성의 고통과 아픔에 누구 못지않게 깊이 슬퍼하셨을 것이고, 하나님은 그녀에게 고통과 죽음을 견딜 수 있는 힘을 주기 원하셨으며, 하나님도 악과 질병에 대해 최종 승리를 거두어 이 여성의 질병 같은 비극적 사건이 일어나지 않을 그날을 고대하셨을 거라 장담한다. 이 여성은 실현될 수 없는 거짓 희망을 찾아 헤매다가 하나님이 주실 수 있는 진짜 위로를 놓치고 말았다.

무비판적인 순진한 믿음은 어쩔 수 없이 인생의 우여곡절의 첫 희생자가 된다. 가끔 부모들은 교회에서 이렇게 말했다. "우리 아이들이 대학에 갈 때 교수님들이 아이들의 믿음을 무너뜨리지 못하도록, 무엇을 믿어야 하는지 가르쳐야 합니다." 내 경험에 비추어 볼 때, 신입생 종교 수업을 가르치는 대학 교수들은 믿음을 무너뜨리지 않는다. 우리의 삶이 확신 없는 믿음을 무너뜨린다. 사람들이 설교자에게서 무언가 참된 것을 들음으로써 믿음에 이를 수 있다면, 마찬가지로 그들은 자기가 믿는 바가 진실이 아니라는 말을 다른 누군가에게 들음으로써 어이없게 믿음을 잃을 수 있다. 예수님 말씀대로, 우리는 '뱀처럼 지혜로워야' 한다. 그 이유는 세상에 수많은 뱀이 존재하고, 성인 세계에서 우리 경험의 일부인 엄연한 사실에 직접 맞닥뜨릴 때 아이 같은 믿음은 대개 부서지기 때문이다.

그러니 형제자매들이여, 믿음 안에서 성숙하자. 우리는 모두 번번이 어린아이처럼 말하고 생각하고 행동해 왔고, 하나님만이 완성하실 수 있는 우리의 성숙이 완성되는 그날까지 아마 그럴 것이다. 하지만 성인이 되어 아이 같은 방식을 버릴 때까지 계속 정진하자. 아기의 생각과 '아이 같은' 믿음을 가진 성인 그리스도인은 성장판이 막힌 그리스도인이다.

내가 전에 알았던 한 노년의 여성은 중년의 딸과 함께 살고 있었다. 어머니는 딸을 심하게 지배하고 독점했다. 그녀는 딸을 위해 운전을 다 해 주었다. 자기 딸이 스스로 차를 운전할 힘을 갖고 있다고 생각하지 않았기 때문이다. 그녀는 딸이 결혼을 하거나 직업을 갖도록 절대 허락하지 않았다. 딸의 온갖 결정을 자신이 직접 내렸다. 딸이 40대 후반이었는데도, 마치 자기 딸이 어린 소녀나 되는 것처럼 대했다. 짐작컨대, 어머니는 자기가 아이를 보호해 주고, 위험과 실패로부터 아이를 지켜 주는 훌륭한 어머니라고 생각했을 것이다. 하지만 현실에서 그녀는 끔찍한 어머니가 되고 있었다. 그녀는 엉뚱한 방법으로 딸을 사랑하고 있었다. 대부분의 사랑은 다른 사람을 소유하고 그 사람을 가까이 두려고 애쓰는 반면, 자녀를 위한 부모의 사랑은 그와 달라야 한다. 부모의 사랑은 자녀가 자유롭게 부모로부터 차츰 벗어나도록 하는 그런 사랑이어야 한다. 그것은 사랑하는 아이를 성인의 자유와 독립으로 떠나보내기 위해 하는 사랑이다. 만약 부모가 이렇게 사랑하지 않는다면, 그들은 부모로서 낙제생이다. 하나님은 우리를 그렇게 사랑하신다. 하나님은 우리를 얽매는 모든 것으로부터 자유롭게 하기 위해 우리를 사랑하신다. 하나님은 우리가 무엇이든 자유롭게 될 수 있도록 우리를 사랑하신다.

하나님은 모든 자녀를 사랑하시지만, 그들이 장성한 자녀가 되기를 바라신다. 성숙하고 장성한 하나님의 자녀로서 우리는, 확신하건대 아이 같은 성인일 때보다 하나님과 하나님 나라에 훨씬 유용할 것이다. 따라서 바울의 말처럼, 기독교의 사랑은 갓난아이들을 위한 것이 아니다! 그리스도의 제자가 되기 위해, 우리는 강인하고 성숙해야 하고, 두 발로 서야 하고, 우리에 관해 허술한 구석이 없어야 하고, 이기적인 응석받이가 되지 않아야 한다. 이러한 특징을 지닌 제자가 될 수 있도록, 우리 모두 아이 같은 모습을 버리자!

5
모든 것을 가진 사람을 위하여

"아, 그러니까 당신은 목회자군요." 그는 라임 펀치를 한 모금 마시며 말했다. "잘됐네요."

"그렇습니다." 내가 대답했다. 나는 달갑지 않은 대화에 말려들 참이라는 불안한 느낌을 갖고, 누군가 나를 구해 줄 사람이 없을지 북적대는 룸을 정신없이 둘러보았다. "나는 교회에 대해 큰 관심을 가진 적이 거의 없었어요." 그는 말을 이었다. "아, 어릴 때에는 교회에 다녔어요. 누구나 어린 시절에는 교회에 갈걸요. 그런데 그 뒤에 나는 대학에 들어갔고, 혼자 힘으로 직장을 구했고, 다시 종교가 필요하다고 느낀 적은 한 번도 없어요. 나는 종교든 무엇이든 반대하진 않습니다. 나는 나 자신이 나름대로 꽤나 종교적인 사람이라고 생각하거든요. 나는 그냥 종교가 필요하지 않아요."

이런 형태의 독백을 들으면 목회자는 파티에서 자기 직업을 숨기고 싶은 유혹을 받는다. 나는 파티에서 비대해진 맹장과 위장 질환에 관한 이야기로 저녁 시간을 독점하는 어떤 사람 때문에 구석에 몰린 의사들에게 늘 동정심을 갖는다. 모든 직업에는 고유한 위험 요소가 있다. 나의 파티 이야기꾼은 계속 말을 이었다. "나는 내가 누구 못지않게 선량하다고 생각합니다. 나는 올바르게 살고, 어려운 처지에 있는 마을 사람들을 후원하고, 우리 집 작은 정원을 정비하려고 노력해요. 결국 이게 종교의 전부 아닌가요?" 그는 펀치 컵에 남아 있던 마지막 한 모금을 마셨다.

"그렇게 생각하는 사람들이 있지요." 나는 다소 건성으로 대답했다.

"자, 어쨌든, 당신이 목회자인 것도 아주 괜찮은 일이라고 생각해요. 분명 당신은 여러 사람에게 좋은 일을 하고 있어요. 주님은 세상이 나아지도록 돕는 데 당신 같은 사람이 필요하다는 걸 아세요."

이게 내가 들은 마지막 말이었다. 나는 손목시계를 쳐다보면서, 무슨 일 때문에 가야만 한다고 중얼거리며 품위 있게 대화에서 벗어나려고 했다. 내가 문을 향해 조금씩 움직이는 동안, 그는 내 등을 툭툭 쳤다. "유익한 대화였습니다, 목사님. 언젠가 교회에서 함께 만날 날이 있겠지요."

내가 이 만남을 여러분에게 전하는 이유는, 이 사람이 내가 이 책에서 관심을 갖고 있는 유형의 사람을 대표하기 때문이다. 그는 교회와 믿음에 위협을 가한다. 그가 파티에서 내게 했던 말은 독창적이지도 심오하지도 않았다. 그의 말은 악의가 담긴 것은 아니나 짜증스러웠다. 여러분도 전에 그런 문장을 들어 본 적이 있을 것이라 나는 확신한다. 그의 태도가 위협적인 이유는, 그가 교회와 기독교 신앙에 대해 이렇게 말하고 있기 때문이다. "고맙지만, 그런 건 내게 필요 없어요."

그런 사람을 만날 때 나는 항상 어떤 신랄한 설명, 그들을 흔들어 놓고 그들의 자기만족적 안일함을 날려 버릴 어떤 통렬한 말로 그들을 제압하고 싶은 유혹을 느낀다. 내가 그들을 설득하거나 회심시킬 수 없더라도, 최소한 그들의 기분을 상하게 만들 수는 있을 것이다! (나는 앞에서 성직자의 유혹에 대해 털어놓았다.)

'전부 다' 가진 것 같은 사람, 자기에게 필요한 것을 모두 갖고 있다고 주장하는 사람, 우리가 제시하는 기독교 신앙에 공감하지 않고, 더 나아가 자기가 기독교 신앙에 공감하지 않는다는 사실에 신경 쓰지 않는 사람에게 여러분은 무슨 말을 하는가? 이번 장에서 우리는 이런 유형의 사람을 살펴보고, 내가 그에게서, 또한 그와 같은 다른 많은 사람에게서 들었던 두 가지 진술에 초점을 맞추고 싶다. "나는 종교가 필요하지 않아요" 그리고 "그게 종교의 전부 아닌가요?"

파티에서 나눈 이 대화는 나치 집단 수용소와는 거리가 멀지만, 둘은 서로 관련 있다. 나치 홀로코스트의 가장 암담한 시절에, 한 뛰어난 젊은 신학자는 테겔(Tegel) 형무소 감방에서 밖을 바라보면서, 현대 세계가 탄생하고 있다는 조짐을 감지했다. 그의 이름은 디트리히 본회퍼였다. 전쟁 초기에 본회퍼는 차분하고 대단히 종교적인 평화주의자였다. 하지만 깊은 기독교 신앙 때문에 그는 히틀러 암살 계획에 동참하기로 결심했고, 이것만이 독일과 세계를 위한 유일한 희망이라고 확신했다. 암살 계획은 실패로 돌아갔고, 본회퍼는 체포되어 감금되었다.

    바야흐로 현대 기독교 순교자 중 한 사람이 되기 전에 본회퍼는 동료 죄수들을 위해 기도하고, 그들을 가르치고, 지원했을 뿐 아니라, 또한 신앙의 미래에 대해 많이 생각했다. 가끔 세상의 죄수들과 희생자들이 또렷한 시선으로 세상을 본다. 로마 감옥에서 죽음을 기다리던 바울은 모든 시대의 로마 황제들이 얼마나 나약한지 보았다. 마찬가지로, 본회퍼의 시선은 나치 감옥의 두꺼운 벽을 뚫고 전후 세계의 위협과 약속을 앞서 보았다. 곧 그의 표현대로 '성인이 된' 세계는 자신의 문제를 해결할 수 있다.

    『옥중서간』(*Letters and Papers from Prison*)에서 본회퍼는 우리 시대에 '힘 있는 사람'(the man of strength)의 등장에 주목한다. 이 '힘

있는 사람'은 누구인가? 남자든 여자든 관계없이, 그는 모든 강한 사람으로, 훈련되고, 의욕적이고, 기품 있고, 죄의식이나 자기 불신에 과도하게 눌리지 않고, 책임감 있고, 타인에게 상당히 관대하다. 그는 종교에 적대적이지 않지만, 전통적 형태의 종교와 구조화된 종교적 관행은 그런 사람에게 거의 매력을 발휘하지 못하는 것 같다. 폴 틸리히(Paul Tillich)는 그를 '탈교회 시대'(the late Church)의 구성원이라고 불렀다. 그는 '종교적'이지 않다. 더 나아가, 그는 자신이 종교적이지 않다는 사실을 난처하게 여기지 않는다. 안전하고, 만족스럽고, 유능하고, 상당히 행복하고, 풍요로운 그런 힘 있는 사람들은 기독교 신앙의 혜택을 놓쳤다는 사실에 어떤 외견상의 불편도 느끼지 않고 자기 방식대로 살아간다. 요컨대, 그들은 힘을 갖고 있고 이른바 종교적 버팀목의 필요성을 전혀 느끼지 않는 사람들이다.

힘 있는 사람과 대조를 이루는 힘 없는 사람은 죄책감과 두려움, 자기 불신, 실패에 시달려 자신의 한계에 부닥친 사람, 요컨대 필요를 갖고 있고, 자신에게 어떤 필요가 있음을 아는 사람이다.

본회퍼는 힘 있는 사람이 온전한 인격이라고 주장하지 않는다. 그런 사람도 필요를 갖고 있지만, 그것은 힘 있는 사람의 특정한 필요다. 그들은 죄를 범하지만, 그것은 약한 사람들의 죄가 아닌 강한 사람들의 특정한 죄다. 그들은 도전을 즐기지만, 믿음의 울타리 밖에서 도전거리를 찾는 것 같다. 만약 우리 가운데서 강한 사람들이 온전해지려고 한다면, 만약 그들이 온전히 치유되고자 한다면, 우리는 그들에게 복음을 전할 새로운 방법을 찾아내야 한다고 본회퍼는 말한다. 복음이 그들에게 유익한 소식으로 들릴 수 있도록 전해져야 한다.

그런데 여러분은 모든 것을 가진 것처럼 보이는 사람에게 무엇을 주겠는가? 신앙을 대수롭지 않게 여기면서 상냥하게 "고맙지만, 그런 건 내게 필요 없어요"라고 말하는 사람에게 여러분은 무슨 말을 하겠는가? 이 두 가지가 이 책 나머지 부분에서 우리가 몰두할 질문들이다.

본회퍼의 설명에 따르면, 전통적으로 우리는 우리 중 강하고 유쾌한 사람들을 다룰 때, 그들이 실은 약하고 가련하다고 말해 왔다. 우리는 이 비슷한 말을 할 것이다. "당신은 성공했다고 생각하겠지요. 하지만 당신은 사실 비참한 곤경 속에 있고, 오직 우리와 우리의 메시지만이 당신을 구할 수 있어요." 전통 기독교의 설교는 안정을 감지할 때마다 주먹을 날려 불안정을 만들어 내려고 한다. 자기 두 발로 서 있는 사람들을 만났을 때, 우리는 그들의 무릎을 꿇리려고 애썼다. 앞서 살펴보았듯이, 우리의 메시지는 먼저 비탄에 빠지지 않으면 구원할 능력이 없는 것 같다. 우리의 복음 전도는 미성숙한 사람들을 다룰 때에만 효과를 발휘하는 일종의 부모-아이 관계에 의존한다. 아이들만이 항상 '아빠가 가장 잘 안다'고 생각한다. 따라서 우리는 사람들에게 성장하라고 말하기보다 퇴행하라고 재촉한다.

틀림없이 이런 '강한 사람들' 중에 많은 이들이 깊은 상처와 염려, 다양한 크고 작은 죄를 자기 안에 갖고 있다. 사실 그들은 자신의 힘과 성숙 속에서, 덜 안정된 다른 사람들보다 자신의 필요를 더 잘 인식하고, 이를 훨씬 솔직하게 인정할 가능성이 높다. 앞서 말했듯이, 정말 정직한 고백은 대담하게 정직할 수 있는 강한 사람들에게서만 나온다. 그런데 그들이 복음을 들을 수 있기 전에 어떤 가련함 혹은 약함을 인정해야 한다고 주장하는 것은 조금 억지스러워 보인다. 본회퍼는 이렇게 쓴다. "예수님이 죄인들을 축복하셨을 때 그들은 정말 죄인이었지만, 예수님은 먼저 모든 사람을 죄인으로 만들지 않으셨다. 예수님은 그들을 죄로 몰아가지 않고 그들을 죄로부터 불러내셨다."[1] 우리는 인생의 맨 밑바닥에서 방어력을 상실한 사람들의 마음 뒷문으로 살짝 하나님을 밀어 넣기 위해 '영혼의 어두운 밤'을 거치며 몸부림칠 때까지 기다릴 필요는 없다. "우리는 세상과 인류가 성인이 되었음을 솔직히 인정해야 하고, 우리는 세속성 가운데 있는 인간에 대해 악평하지 말고, 오히려 그가 가장 강한 지점에서 하나님과 직면하도록 해야 한다."[2] 복음 전도와 설교, 간증, 신학에서 우리는 왜 가장 강한 지점이 아니라 가장 약한 지점에 있는 사람들을 겨냥하는 경향이 있는가?

성경은 우리에게 "강[건]하라"고 빈번하게 말하는데도(고전 16:13; 엡 6:10; 딤후 2:1; 요일 2:14), 본회퍼는 너무나 많은 목회자와 기독교 변증가(그가 칭하는 대로 '심리 치료사'와 '실존주의자')가 "사람들의 진짜 가련함을 폭로하기" 위해 그들의 약함을 악용하고 그들의 내면생활의 어두운 비밀을 "염탐한다"고 주장한다. 성숙한 사람들의 "퇴화해 버린 약점을 악용하려는" 이러한 노력에 대해 본회퍼는 이것이 지배와 구출의 필요 속에 있는 유아기로 사람들을 돌아가게 하려는 가련한 시도라고 비난한다.

어떤 사람이 숨 막히는 죄책감이나 비탄에 찬 절망을 전혀 느끼지 못한다면, 우리는 기독교 상품을 전달하기 위해 그런 것을 약간 만들어 내려고 애쓴다. 사실, 기독교 신앙의 영광은 무력했던 사람이 힘을 얻고, 배고픈 사람이 좋은 것들로 채워지고, 약한 사람이 강해지고, 죄인이 용서받는다는 영광스러운 진술이 큰 부분을 차지한다. 그런데 이런 사람들이 무력함과 배고픔, 약함, 죄책감에서 **빠져나오도록** 부름받고 도움받는다는 점을 주목하라. 본회퍼의 말처럼, 예수님은 사람들을 절망 속이 아니라 절망 밖으로 불러내셨다. "예수님은 어떤 사람의 건강이나 활력, 재산 그 자체에 대해 어떤 의문을 던지거나 이런 것들이 악한 열매라고 보지 않으셨다. 만약 그러셨다면, 예수님이 왜 병자들을 고치고 약한 자들의 힘을 북돋아 주셨겠는가?"[3] 사실 우리의 자기만족과 힘은 하나님과의 직접적 대면을 피하는 우회로가 될 수 있다. 하지만 이것은 힘의 본질적 특성이 아니라 힘의 오용이다. 우리의 힘에는 잠재적 죄의 상태 그 이상의 의미가 담겨 있다. 우리는 힘과 번영, 안전과 자유를 하나님의 선물로 이해하는 구약의 **복** 개념을 잃어버렸다.

본회퍼는 성경이 건강과 운, 활력에 대해 많이 거론하지 않는다는 생각을 논박했다. 특히 구약성경에서 또한 신약성경 곳곳에서 산발적으로, 우리는 하나님이 물질적이고 영적인 복과 힘의 근원이시고, 하나님은 우리가 이러한 힘을 어떻게 사용하는지에 거룩한 관심을 보이신다는 단언을 발견한다. 성경은 우리의 힘을 하나님의 선물로, 또한 우리의 약함을 하나님이 주신 치유와 성장의 기회로 본다. 약함과 가난은 물론이고 힘과 번영 가운데 있는 사람들에게도 말을 건네는 신학적 관점이 우리에게 필요하다. 옛 찬송가 가사처럼, 우리는 사람들에게 '힘을 얻고 더 얻어 나아가'도록 도전하는 복음을 전해야 한다.

우리의 신학은 힘 있는 사람들을 불편한 장애물이나 믿음의 위협으로 여기지 않고, 자신의 힘 속에서 믿음을 받아들이는 합법적 수령인으로 보아야 한다. 우리는 능력과 힘, 성숙, 자기 훈련, 자유가 기독교 신앙을 살아 내는 데 있어서 걸림돌이 아니라, 감사함으로 또한 이타적으로 사용되어야 할 선물이라는 사실을 진지하게 받아들여야 한다.

먼저, 힘 있는 사람들에게 말을 건네는 신학은 감사가 하나님께 대한 우리의 기초적 응답이라고 여길 것이다. 감사란 과분한 선물을 받았다는 것 외에 더 이상 아무것도 주장하지 않는다. 힘 있는 사람들은 약함을 가장할 필요가 없다. 그들은 가련함이나 내적 절망이라는 거짓된 의식을 꾸며 낼 필요가 없다. 그들은 자신들의 빛을 남들 모르게 숨길 필요가 없다. 그들은 겸양과 초라함의 느낌을 조작할 필요가 없다. 그들은 선물을 받은 것이다. (최근 크게 오용된 단어인) '카리스마'를 갖는다는 것은, 성경 헬라어의 문자적 의미에 비추어 사용될 때, '선물을 받은 사람'(gifted person)이 되는 것이다. 카리스마적 인물이 반드시 열광적인 방언을 말하거나 어떤 이색적인 성령의 현현을 경험한 사람일 필요는 없다. 카리스마적 인물은 단지 선물을 받은 사람이다. 이렇게 말하는 것은, 우리의 힘이 우리의 개인적 성취가 아님을 인정하는 것이다. 우리는 하나님의 은혜로 (또한 역사의 특수한 우연과 불공평으로) 우리가 되었다. '자수성가한 사람' 따위는 존재하지 않는다. 우리는 먼저 힘 있는 사람들에게 그들이 소유한 것을 어떻게 갖게 되었는지 정직하라고 요청해야 한다. 타고난 팔자라고 부르거나, 우월한 기회라고 부르거나, 우연한 환경이라고 불러도 좋겠지만, 반드시 **선물**이라고 부르자.

사소한 단어 '감사'는 그 울타리 안에 우주를 담고 있다. 감사하다고 말하는 것은 언제나 무언가가 선물임을 인정하는 것이고, 그 선물이 좋다고 인정하는 것이고, 또한 선물을 주는 이가 있음을 인정하는 것이다. 무엇을 먹기 전 식사 기도를 드리면서 감사하다고 말할 때, 우리는 음식이 좋은 것이고, 음식이 선물로 주어졌고, 우리는 이런 선물 없이 생존할 수 없고, 따라서 자애로운 수여자가 계시기 때문에 우리가 생존한다고 인정하면서 기도하는 유대인의 오랜 관습을 따르고 있다. 고마움을 느끼거나 표현하지 못하는 이들을 가엾게 여기라. 그들이 자기 자신에 대해, 자신의 삶에 대해, 혹은 자신의 하나님에 대해 알지 못하는 것을 가엾게 여기라.

하나님은 우리에게 무엇을 원하시는가? 더도 덜도 아닌 감사다. 우리의 말과 삶으로 표현된 감사 말이다.

둘째, 힘의 신학은 하나님이 주신 재능과 힘을 지닌 강한 사람들이 자신만의 고유한 필요를 전혀 갖고 있지 않다고 말하지 않는다. 그들은 그들의 선물을 갖고 있다. 그들은 또한 그들의 필요도 갖고 있다. 다만 그들에게는 일련의 특정한 필요가 있다는 점을 기억하자. 우리가 앞서 주목했듯이, 강한 사람들에게 주는 우리의 메시지가 외면당하는 데는 한 가지 이유가 있다. 그것은 우리가 그들이 범하지 않은 죄로 그들을 고발하고, 그들이 걸리지 않은 질병의 치료법을 추천하고, 그들이 느끼지 않는 고통에 필요한 위안을 주기 때문이다. 그들에게는 그들의 필요와 그들의 죄가 있다. 그런데 그것은 약한 자가 아닌 강한 자들의 필요와 죄다.

'강한 자들의 죄'에는 어떤 것들이 있는가? 자기 의와 안주, 자기만족과 전능의 가면, 더 약한 형제자매들과 공감하지 못하는 실패 등 몇 가지를 들 수 있다. 이런 것들은 힘을 지니고 있지만 감사의 결여와 고마움의 결핍에 감염된 이들이 시달리는 죄다. 이들은 (파티에서 만난 친구가 말했듯이) 누구든 "글쎄요, 나는 행복하고, 만족스럽고, 잘 먹고, 제법 예의 바릅니다. 결국 그게 종교의 전부 아닌

가요?"라고 말하는 이들의 죄다.

아니다. 그게 '종교의 전부'가 아니다. 실은 정반대다. 상당수의 강한 이들은 자기 성취와 자기만족, 자기 충족이 종교의 유일한 목적이라는 엉뚱한 사상을 약한 이들과 공유하고 있다. 몇몇 이교 종교에서는 이러한 자기중심성이 종교의 목적이다. 하지만 기독교에서는 그렇지 않다. 주님의 말씀에 따르면, 자기 자신을 찾고 싶다면, 우리는 자기 자신보다 더 위대한 것에 자신을 잃어야 한다. 다른 사람들에게 우리 자신을 줄 때, 우리는 본래 창조되었던 참된 자신을 돌려받는다.

하지만 자기만족이 '종교의 전부'라고 단정하는 사람들을 누가 비난할 수 있을까? 우리는 기독교 신앙을 '어떤 사람이 그동안 경험했던 최고의 거래'로, 우리의 선행에 대한 복된 보상으로, 우리의 온갖 개인적 고통과 아픔을 해결하는 만병통치약으로 제시한다. 만약 어떤 사람이 이미 건강과 행복, 상당량의 기쁨, 또 어지간한 만족을 누리고 있다면, 그 사람은 자신이 이미 기독교 신앙의 모든 혜택을 소유하고 있고, 따라서 종교에 발을 담금으로써 얻을 수 있는 것이 전혀 없다고 지레짐작하기 쉽다. 이런 지레짐작은 잘못된 것이지만, 그럼에도 우리가 보통 신앙을 제시하는 방식을 고려할 때 납득이 간다.

힘 있는 사람들도 필요한 것이 있고, 그들에게 절실한 필요한 것 중 하나는 자신의 삶과 기독교 신앙 모두에 대해 갖고 있는 꽉 막힌 편견의 좁은 울타리를 넘어서도록 도전받아야 할 필요다. 다수의 강한 사람들은, 약한 영혼을 괴롭히는 일상의 문제들을 더 많이 다룰 자원을 갖고 있기 때문에, 자기에게 **모든** 문제를 다룰 힘이 있다고 생각한다. 그들은 자기가 가진 힘 때문에 자신의 약점을 보지 못한다. 내 생각에는, 이런 이유 때문에 예수님은 부자가 하나님 나라에 들어가는 것이 코끼리가 편안하게 소형차를 타는 것만큼이나 힘들다고 말씀하셨다. 이렇게 하기가 힘든 단순한 이유는, 자기가 가진 재력으로 인생의 핵심 문제들을 대부분 해결할 수 있는 부자들은 인생의 **모든** 어려움을 이런 식으로 해결할 수 있다고 생각하는 착각에 스스로 빠지기 때문이다. 예수님이 말씀하신 어리석은 부자가 어리석다고 불린 이유는, 자신의 돈이 인간 실존의 우여곡절로부터 안전하게 지켜 줄 수 있다고 생각했기 때문이다. 가난한 자들은 '복'되다. 그것은 물질적이거나 영적인 가난이 삶을 더 재미있게 만들어 주기 때문이 아니라, 가난한 자들은 부자들이 종종 휘말리는 자기기만과 거짓 안전에 빠질 가능성이 높지 않기 때문이다. '가난한 자는 복이 있다.' 그것은 그들이 자애로운 하나님께 기대어 살아가는 근원적 의존의 현실을 간파할 가능성이 조금 더 많기 때문이다.

    교육과 사업, 정치 같은 분야에서 더 많은 권력을 얻는 데 자신의 삶을 사용하는 많은 사람들은 항상 약하다고 느낀다. 그것은 그들이 만족할 만큼 충분한 권력을 결코 획득할 수 없기 때문이다.

부자들은 항상 궁핍하다고 느낀다. 그것은 그들이 만족할 만큼 충분한 돈을 결코 벌 수 없기 때문이다. 우리 사회처럼 물질적이고 소비적인 사회는 예외 없이 빈곤한 사회여서, 항상 모으지만 결코 충분히 모으지 못하고, 얻는 만큼 잃어버리고, 무언가 쌓아 가고 있다고 생각할 때 항상 무너진다.

이것이 힘 있는 사람들이 들어야만 하는 준엄한 심판 개념이다. 만약 내가 과도한 물질 소유와 무책임한 권력 도용을 찬양하는 새로운 부르주아 신학을 옹호하고 있다고 생각한다면, 이는 오판이다. 우리는 우리 가운데 있는 강한 이들에게 그들의 힘이 엉뚱하게 이용될 때 약점이 된다고 말해 주어야 한다. 가난한 자들의 빈곤은 비극이다. 부자들의 특정한 빈곤도 마찬가지다. 지식인은 결코 충분히 알 수 없다. 학자는 책을 출판하든 아니든 사라질 것이다. 조직의 위계 서열 꼭대기에 올라간 사업가는, 자신이 사업을 운영하기보다는 이제 사업이 그를 운영하는 현실을 발견할 뿐이다. 감독직에 이르는 과정에서 타협한 설교자는 주교로서 할 수 있는 말이 아무것도 남아 있지 않다는 것만 발견한다. 우리가 자기 자신을 위해 돈을 더 많이 모을수록, 돈을 쓸 곳은 훨씬 적다. 우리는 아모스가 지적한 "바산의 암소처럼 살진"(현대인의성경—편집자) 얼굴 뒤에 감추어진 허기를 볼 수 있어야 한다.

이 책의 첫 번째 논점을 다시 되짚어 보면, 우리는 특별히 예언자들의 심판에 근거하여 강한 이들의 죄와 필요에 대해 말할 수 있다. 그 이유는 우리가 먼저 그들이 가진 힘을 인정하고 그 힘을 하나님의 선물이라고 부르기 때문이다. 강한 사람들은 선물을 받았고, 복되며, 운이 좋은 개인들이다. 그들의 힘은 장애가 아니라 기회다. 다섯 달란트 받은 사람이 두 달란트 받은 사람보다 믿음을 따라 살지 못할 이유는 전혀 없다. (여러분은 예수님의 달란트 비유에서 달란트를 많이 받은 사람이 자신의 달란트를 증식하고 사용하기 위해 달란트를 적게 받은 사람보다 더 많은 일을 했음을 떠올릴 것이다!) 부 자체는 악하지 않다. 부는 위험할 뿐 본질적으로 악하지 않다. 우리의 힘은 선물이고, 모든 선물과 마찬가지로 이롭게도 혹은 해롭게도 사용될 수 있다. 반복하지만, 우리는 처음에 은혜를 말하고 그런 다음 심판과 책임에 대해 말한다. 고마움은 굴욕에 비해 훨씬 효과적인 제자도의 동기다.

모든 것을 가진 것처럼 보이는 강한 사람에게 여러분은 무엇을 주겠는가? 여러분이 그에게 줄 수 있는 한 가지는 그가 가진 힘에 관한 새로운 관점이다. 여러분은 도전할 수 있다. 여러분은 그 힘을 하나님의 선물로 볼 수 있는 기회를 준다. 여러분은 그 힘을 자신만의 이기적인 열망보다 더 중요한 것을 위해 사용할 수 있는 자유를 준다. 힘 있는 사람들을 위한 회심(*metanoia*, 반향 전환, 삶의 마음의 변화)은 힘의 부정이 아니라, 자신이 가진 선물에 신적인 근원과 목적이 있음을 깨달을 때 오는 겸손한 고마움을 같은 것을 수반할 것이다. 그리스도인의 관점에서 볼 때, 선물을 받는 것은 그 선물의 사용에 대해 책임을 지는 것이다. "많이 받은 자에게는 많이 요구할 것이요."

저 멀리 다마스쿠스 도상에서 바울은 자신의 힘이 하나님의 사랑에 의해 변화되었음을 깨달았다. 그는 자신의 특정한 필요가 특정한 도전에 맞닥뜨린 것을 깨달았다. 바울은 자신이 지혜와 힘을 가진 사람으로서, 실은 세속적 지혜와 덧없는 성공, 오만, 끝없는 분주함 따위에 얽매인 노예였음을 발견했다. 바울은 세상이 강하다고 여기는 그것이 항상 강한 것은 아님을 깨달았다. 그의 힘은 참된 힘의 원천(the Source)에 의해 변화되었다. 바울은 자기가 들은 부르심(바울은 한 번도 '회심'이라고 말하지 않는다)의 삶을 위해 자신의 모든 지성과 자신의 모든 교육, 자신의 모든 육체적·정서적 힘을 사용했다. 바울 자신의 주장에 따르면, 그는 모든 것을 가진 사람이었다. 단 자신이 받은 선물이 어디서 왔는지에 대한 지식과, 자신이 받은 선물을 사용하기 위해 필요한 중요한 지식을 제외한 모든 것이었다. 그가 다마스쿠스 도상에서 얻은 것은 바로 그 지식이었다.

예수님은 우리에게 참된 힘을 보여 주셨다. 그분은 우리에게, 진정한 힘은 많은 권력을 지니고도 권력에서 자유롭고, 권력을 내주고, '자기를 비우는' 데 있음을 보여 주셨다. 생명의 가치를 아는 사람은 타인을 위해 생명을 포기할 줄 아는 사람이다. 모든 사람을 부리는 사람은 모든 사람의 종이 될 줄 아는 사람이다. 가장 부유한 사람은 우리의 계좌가 우리의 가장 깊은 갈망을 해소하도록 돕기에는 얼마나 제한적인지 아는 사람이다. 가장 자유로운 사람은 압제당하는 자들의 곤경의 멍에를 스스로 짊어지는 사람이다.

힘 있는 사람들에게 말할 때, 그들을 뼛속까지 흔들어 놓는 대담한 도전을 던지자. 그리스도인으로서, 교회로서 우리의 요구는 너무 인색했다. 우리는 마치 기독교가 십자가가 아니라 쿠션이나 되는 것처럼 말했다. 우리는 사람들의 모든 고통과 아픔, 그들의 모든 염려와 짐, 그들의 모든 질문과 의문을 덜어 주겠다고 약속했다. 우리는 공기만 가득하고 영양분은 전혀 없는 맹탕 수플레, 아무것도 치료하지 못하는 달달한 플래시보로 믿음을 바꾸어 놓았다. 그 이유는 우리가 전하는 믿음이 누구에게도 도전하지 않기 때문이다. 이런 믿음은, 이를 위해 죽는 것은 고사하고 그것을 위해 살 만한 가치도 거의 없는 믿음이다. 우리는 다그치기보다는 더 많이 달래도록 성령을 길들이고 순화시켰다. 이 무미건조하고 길들여진 무력한 믿음의 변형은 한때 사람들이 피 흘리며 지켰던 기독교를 조롱하는 이단이다. 우리에게는 자신의 말과 행동을 통해, 모든 사람이 더 강해지고 더 커져야 한다고 기독교 믿음을 제시할 수 있는 사람들이 필요하다. 이제 우리는 우리의 유서 깊은 거룩한 담대함의 회복을 위해 기도해야 한다.

나치 독일. 1945년 부활절 주간. 미국군의 대포가 무너지는 서부 전선을 포격하고 있다. 제3제국의 패망이 가까워 올수록 점점 더 미치광이가 되어 가던 히틀러는 유명한 정치범 몇 사람, 특히 무산된 저항 운동에 가담했던 이들의 신속한 처형을 명령한다.

쇤베르크(Schönberg)에서, 부활절 다음 일요일에 디트리히 본회퍼는 동료 죄수들과 함께 드리는 아침 예배를 인도한다. 그들은 분명 삶의 마지막이 가까이 온 것을 알지만, 예배에는 용기와 희망의 분위기가 감돌고 있다. 그들은 이렇듯 심오한 필요의 시간에, 용기와 힘의 영원한 근원인 듯 보이는 본회퍼에게 자신들이 기대고 있음을 깨닫는다. 본회퍼는 베드로전서 1:3을 읽는다. "우리 주 예수 그리스도의 아버지 하나님을 찬송하리로다. 그의 많으신 긍휼대로 예수 그리스도를 죽은 자 가운데서 부활하게 하심으로 말미암아 우리를 거듭나게 하사 산 소망이 있게 하시며." 그런 다음 본회퍼는 그들의 현재 상황에 적합한 이 오래된 말씀의 의미를 설명해 준다. 투옥된 영국인 장교 페인 베스트(Payne Best)는 나중에 본회퍼가 보여 준 힘과 믿음이 그날 모든 죄수를 버티게 해 주었다고 회고한다. 본회퍼가 마지막 기도를 마치자마자 별안간 감방 문이 열리면서 두 명의 불길한 남자들이 들어와 말한다. "죄수 본회퍼, 우리와 같이 갈 채비를 하라."

이 말이 무슨 뜻인지 모든 사람이 안다. 본회퍼는 감방을 떠나면서, 동료 죄수 하나에게 이렇게 속삭인다. "이제 마지막이군요…내게는 생명의 시작입니다." 그런 다음 그는 끌려 나간다.

1945년 4월 9일, 차가운 회색빛이 감도는 월요일 새벽에, 뛰어난 신학자요 성서학자, 윤리학자, 교사, 시인, 독일 지성계 명문가의 아들, 디트리히 본회퍼는 플로센뷔르크(Flossenbürg)에서 순교자가 되어 교수형을 당했다.[4]

나치는 이 선량하고 강한 한 사람의 죽음 속에서 자신들의 필연적인 패배가 현실화되고 있음을 알지 못했고, 알 수도 없었다. 본회퍼는 모든 것을 가졌다. 지성, 물질, 명성, 내면의 훈련, 그리고 힘. 그런데 이 모든 것 위에, 그는 도전하는 음성을 들었다. 이를 위해 살 수도 있고 죽을 수도 있는 도전이었다. 그가 소유했던 바 그리스도를 닮은 믿음은, 가장 까다로운 질문을 던지고 가장 대담한 행동을 감행할 수 있는 자유를 그에게 주었다. 그의 빛은 어둠이 잠재울 수 없을 만큼 아주 강렬했다. 실은 밤이 어두울수록, 그의 빛은 더 밝게 빛났다.

디트리히 본회퍼는 강하고 선명한 어조로 그리스도의 부르심을 들었다. 그래서 어둠과 악의 영역이 그의 무릎을 꿇게 만들었다고 생각했을 때조차, 그는 어둠과 악을 무릎 꿇게 만들었다.

6
모든 복의 근원이신 분

나는 20세기 나치 수용소에서 3세기 로마의 한 가정 교회로 여러분을 데려간다. 한 무리의 사람들이 소박한 나무 식탁에 둘러 서 있다. 이 모임에는 노예와 귀족, 다양한 인종과 문화에서 온 사람들이 있다. 이제 이런 과거의 차별은 중요하지 않다. 그들은 모두 그리스도인이기 때문이다. 그들의 말마따나 '그리스도 안에서 하나'다. 거기 서 있는 많은 사람들이 제국의 관료들에게 고문받은 상처를 보여 준다. 그들이 이제 신실함을 나타내는 명예로운 표식으로 간직하는 상처다.

그들은 제국이 가하는 박해의 위협 아래, 일요일마다 넓은 가정집 식사 공간에서 비밀리에 모여, '성만찬'(Eucharist, 감사)이라고 부르는 종교적 공동 식사를 거행한다. 식탁의 상석에는 몸집이 큰 사람이 서서 손을 들어올려 기도를 하고 있다. 그는 다른 예배자들과 마찬가지로 그 시대 로마인의 일상 외출복을 입고 있다. 사람들은 그를 '에피스코포스'(Episcopos, 주교 혹은 감독)라고 부르며 그에게 회중의 삶을 관장하고, 회중을 도와 가난한 이들을 보살피고, 성만찬을 인도할 책임을 부여했다.

회중은 방금 전 기도를 마쳤고, 찬양 몇 곡을 불렀고, '에피스코포스'가 이끄는 긴 성경 읽기와 설교가 있었고, 그런 다음 예배자들은 '평화의 입맞춤'을 나누며 서로 포옹했다. 이제 '선물'을 갖고 나온다. 사람들은 작은 빵 덩어리와 양쪽 손잡이가 달린 큰 컵, 포도주 항아리를 앞으로 가져온다. 빵과 포도주는 예배자들의 가정에서 가져온 것이다. 그들은 성만찬의 예물로 이것들을 가져온다. '디아코노이'(diakonoi, '집사들' 혹은 '시중꾼들')는 빵과 포도주를 모아 에피스코포스 앞에 내놓고, 에피스코포스는 큰 소리로 이렇게 말한다. "이제 마음을 엽시다!"

"우리는 주께 마음을 엽니다!" 사람들이 한 목소리로 대답한다.

그런 다음, 식탁 주위에 모인 회중의 장로들 및 모든 사람과 함께 식탁 뒤에 서 있던 에피스코포스는 선물 위에 손을 얹고 복을 빈다.

오 하나님, 우리는 당신의 사랑받는 자녀이신 예수 그리스도로 말미암아 당신께 감사(eucharistia)를 드립니다. 당신은 마지막 때에 구주와 구속자와 지혜의 사자로 그분을 우리에게 보내셨습니다. 그분은 당신과 떨어질 수 없는 말씀이시고, 당신은 그분을 통해 만물을 만드셨고, 당신은 그분을 기뻐하셨습니다. 당신은 그분을 하늘에서 처녀의 몸으로 보내셨고, 그분은 처녀에게 잉태되어 육체가 되셨고, 성령과 처녀에게서 태어난 당신의 아들이심을 증명하셨습니다. 그분은 당신의 뜻을 성취하고 당신을 위해 거룩한 백성을 준비하면서 고난받기 위해 손을 펼치셨고, 이로써 당신을 믿는 이들을 고난에서 풀어 주실 수 있습니다.

예수 그리스도께서 자발적으로 고난받아, 죽음을 무너뜨리고 마귀의 속박을 깨뜨리고 지옥을 짓밟고 의인들을 깨우치고 법령을 세우고 부활을 증명하시던 때, 그분은 빵을 가져다가 당신께 감사하며 말씀하셨습니다. 받아 먹으라. 이것은 너희를 위해 찢기는 나의 몸이다. 마찬가지로, 그분은 잔을 들고 말씀하셨습니다. 이것은 너희를 위해 흘리는 나의 피다. 이것을 행할 때, 너희는 나를 기억하는 것이다.

그러므로 예수 그리스도의 죽음과 부활을 기억하면서, 우리는 빵과 잔을 당신께 바치며, 당신께 감사를 드립니다. 그것은 당신께서 우리에게 당신 앞에 서서 당신의 제사장으로 봉사하라고 명령하셨기 때문입니다. 또한 우리가 기도하오니, 여기 참여한 모든 이가 연합하여, 성령으로 충만하게 되어 진리 안에서 믿음을 확증하게 하시고, 우리가 당신의 자녀이신 예수 그리스도를 통해 당신을 찬양하고 당신께 영광 돌리게 하소서. 예수 그리스도로 말미암아 이제 당신의

거룩한 교회와 또한 영원한 세계에서 성령과 더불어 당신께 영광과 존귀가 있나이다. 아멘.[1]

"아멘!" 감사 기도 말미에 모든 예배자가 외친다.

에피스코포스는 빵을 떼서, 모두에게 앞으로 나와 먹고 마시라고 요청한다. 빵과 포도주는 모든 사람이 유카리스트에 참여할 때까지 예배자들의 원을 죽 지나간다.

"아멘!" 마무리 기도 말미에 사람들이 고백한다.

"평화가 함께하시길!" 에피스코포스가 말한다.

그들이 나아가는 적대적인 세상 속에서, 그들 중 몇 사람은 믿음 때문에 큰 대가를 치러야 할 수도 있다. 하지만 그들은 기쁘게 그 대가를 치를 것이다. 예배 중에 그들은 새로운 시대에 새로운 주님과, 또한 새로운 백성들과 값진 교제를 경험했기 때문이다.

이 초기 교회 장면은 오늘날 우리가 통상적으로 드리는 칙칙하고 생기 없는 예배와 얼마나 대조적인가! 전형적인 개신교 예배는, 말은 너무 많고 행동은 너무 적다. 개신교 예배는 주로 설교자와 성가대의 공연으로 구성되어, 회중은 여흥을 즐기거나 꾸중을 듣기 위해, 열을 올리거나 야단을 맞기 위해 온다. 기도는 모호하고 공허한 어구와 무의미한 상투어로 가득하다. 시대에 뒤떨어진 밍밍한 찬송이 가끔 냉랭하고 딱딱하고 비인격적인 분위기를 파고든다. 참회와 죄 고백의 어조는 무겁고, 찬양의 어조는 약하다. 최근 기독교 예배에 진정한 개혁이 있었던 것은 놀랄 일이 아니다. 그것은 우리가 예배할 때 꼭 무언가 새롭고 '특이한' 것을 갈망하기 때문이 아니라(일부는 그러기도 했지만), 하나님을 찬양하는 예배의 유서 깊은 느낌을 회복하고 싶기 때문이다! 이것은 우리가 잃어버린 것처럼 보이는 경험이다.

이전 장들을 되짚어 보면, 우리의 예배가 안고 있는 근본 문제는 우리의 설교와 전도가 안고 있는 문제와 상당히 비슷하다. 즉 우리는 우리를 위해 무언가 행하셨고, 무언가 행하고 계시고, 계속 무언가 행하실 하나님에 관한 좋은 소식에 대한 인식을 잃어버렸다. 우리의 예배는 '하나님의 마음에 들려는' 다소 미미한 시도가 되고 말았다. 많은 교회에서 예배란 예배자들 안에 적절한 감정을 유발하기 위해 건축, 조명과 장식, 설교자의 말투, 성가대의 음악이 죄다 치밀하게 연출되는 심리적 조작 정도로 전락하고 말았다. 안정적이고 사려 깊은 많은 사람들은 인위적 수단을 통해 이루어지는 이런 일요일 아침의 정교한 조작 시도에 혐오감을 갖는다. 예배 기획자들은 회중이 '그리스도를 위한 결단'을 내리도록 혹은 '사회적 행동'을 위한 동기를 품도록 혹은 회중의 마음을 현실 세계에서 떼어 내어 그들을 영적 이상 세계로 데려가려고 시도할 것이다. 핵심은 예배 전체가 예배자들에게 유익하다고 간주되는 것들에 근거해서 기획되지, 하나님과 맺은 모종의 관계에 근거해서 기획되지 않는다는 점이다.

지역 교회에서 예배 갱신에 관한 워크숍을 진행할 때, 나는 종종 키르케고르가 언젠가 예배에 관한 글에서 사용했던 비유를 사용한다. 키르케고르는 일요일 아침 우리 교회에서 드려지는 예배가, 마치 극장에서 펼쳐지는 하나의 드라마와 같다고 생각한다고 말했다. 그래서 나는 한쪽 끝에 무대가 있고 반대쪽 끝에 청중이 있는 극장 평면도를 칠판 위에 그린다. 그런 다음 평상시 일요일 아침 예배에 오는 모든 참여자를 극장 평면도 위에 죽 나열해 달라고 사람들에게 요청한다. 그들은 대개 옆 페이지에 있는 도표와 비슷한 배열로 예배 참여자들을 나열한다. 내가 이 비유를 사용했던 거의 모든 그룹에서, 이것이 예배 드라마가 배열되는 방식이다. 여기에는 유일한 한 가지 문제가 있다. 하나님은 어디 계신가? 우리는 예배에서 하나님을 배제하고 말았다! 우리는 마치 예배가 '청중'(회중)의 유익만을 위해 '연기자들'(목회자, 성가대 등)이 수행하는 공연이나 되는 듯 예배를 구성했다. 이 구도에서 예배의 효과를 판단하는 유일한 방법은 회중들이 얼마나 좋아하는지 판단하는 것이다. 또한 이것은 대개 우리가 예배를 판단하는 방법이다.

이제 다음과 같은 모습으로 보이도록 예배 극장의 배열을 바꾸어 보자.

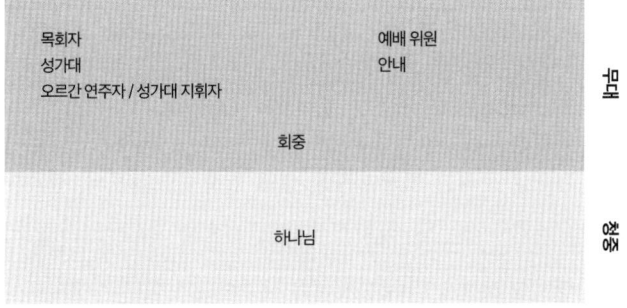

이제 상황이 변한다. 하나님이 예배 안으로 들어오신다! 이런 배열은 우리가 일요일 아침에 하는 대부분의 찬양과 기도, 대화, 씻기, 먹기, 마시기가 우리 자신이 아니라 하나님을 위한 것임을 알려 준다. 예배의 참된 기준은 예배가 우리에게 어떤 영향을 미치느냐와 깊은 관련이 없다. 참된 시금석은 예배가 하나님께 또 하나님에 대해 무엇을 말하느냐다. 우리의 공중 기도는 두 눈을 감은 채 드리는 짧은 설교처럼 보이기 일쑤고, 이때 회중은 하나님과 소통하려고 하기보다는 이런 일과 저런 생각으로 이끌린다. 경배와 신비, 경외감, 경이로움, 희생, 헌물, 감사, 찬양은 공예배에서 종종 사라진다. 그것은 우리가 하나님보다 우리 자신을 예배의 목적으로 삼기 때문이다.

우리가 '경축'(celebration)의 중요한 목적을 회복할 때까지, 우리의 예배는 이 단어의 중요한 의미에서 다시 '경축'이 되지 못할 것이다. 우리 자신이나 인류 전체 혹은 사랑, 기쁨, 자유, 평화 같은 다른 모호한 관념들을 경축하는 것으로는 충분하지 않다. 오든(W. H. Auden)의 반어법 기도는 웃어넘기기엔 너무나 현실적이다.

오 하나님. 우리는 이해할 수도 없고 원하지도 않으니, 정의나 진리 일랑 거두어 주소서. 영원은 우리를 끔찍이 지루하게 만들 것입니다. 당신의 하늘을 떠나 물시계와 산울타리가 있는 지상으로 내려오소서. 우리의 삼촌이 되어 주소서.

아이를 돌봐 주시고, 할아버지를 즐겁게 해 주시고, 아줌마를 오페라로 안내하시고, 윌리의 숙제를 도와주시고, 뮤리엘을 잘생긴 해군 장교에게 소개해 주소서. 흥미로우시되 우리처럼 약하셔야 합니다. 그러면 우리가 우리 자신을 사랑하듯, 당신을 사랑할 것입니다.[2]

바울은 우리에게 **"우리 주 예수 그리스도의 이름으로"** 항상 감사하라(엡 5:20, 저자 강조), **"그를 힘입어** 하나님 아버지께" 감사하라(골 3:17, 저자 강조)고 권면한다. 그는 로마인들에게 "내가 **예수 그리스도로 말미암아 너희 모든 사람에 관하여** 내 하나님께 감사"한다고 말한다(롬 1:8, 저자 강조). "…으로"(in)와 "…를 힘입어/…로 말미암아"(through)라는 단어가 중요하다. 고마움을 모르는 우리를 위해 속죄하신 그리스도 안에서만, 그리고 그분을 통해서만 우리는 참된 고마움을 표현할 수 있기 때문이다. 만약 우리가 하나님께 더 집중한다면, 만약 우리의 예배가 하나님에 관한 믿음을 담은 노래가 된다면, 만약 우리의 예배가 참으로 우리를 치유하시는 그분이 이루신 구원의 성취에 대한 응답이 다시 된다면, 우리는 노래할 무언가를 갖게 될 것이다! 독일인들은 예배를 '고테스디엔스트'(*Gottesdienst*), '하나님의 섬김'이라고 부른다. 내가 독일 개혁 신학에 대해 아는 바는 적지만, 그들이 이 용어를 사용할 때 이 용어는 우리가 예배하면서 하나님께 바치는 섬김뿐 아니라 우리를 위한 하나님의 섬김도 의미한다. 다시 말해, 그들은 하나님이 예수 그리스도를 통해 우리에게 닿으실 때 행하신 능력의 행동에 초점을 맞추고 있다. 그들은 우리가 무엇을 해야 하는지가 아니라 하나님이 무엇을 하셨는지에 대해 먼저 얘기하고 있다. 에피스코포스가 성만찬에서 선물을 놓고 드렸던 초기 교회의 기도는, 구원사의 모든 위대한 사건을 감사하는 마음으로 회상함으로써 빵과 포도주를 축복하는 감사(*eucharistia*) 기도였다. 우리의 예배는 하나님이 우리를 위해 행하신 일을 인정하는 것이다. 바르트의 말처럼, 예배란 단순히 기도와 설교, 행동, 노래로 우리 인간의 '감사'를 표현하는 것이다.

주의 만찬 혹은 성만찬('감사')은 기독교 예배의 중심 행위다. 그 이유는 예수께서 성만찬을 제정하셨고 계속 이렇게 하라고 우리에게 요청하셨기 때문만이 아니라, 또한 성만찬이 그리스도 안에서 우리를 위해 이루어진 일에 대한 감사, 곧 빵과 포도주, 기도와 노래로 드리는 우리의 응답이기 때문이다. 고마움은 찬양의 기초이고, 찬양은 경축하는 흥겨운 예배의 기초다. 많은 예배가 (특히 백인 중산층 회중 안에서) 따분하고 생기 없는 것은 다음과 같은 이유 때문이 아닐까? (1) 우리는 구원사의 옛 이야기를 잊어버렸고, 따라서 우리가 누구인지("왕 같은 제사장") 잊었다. 또한 (2) 우리는 하나님이 우리의 모든 힘과 복의 근원이시고, 따라서 우리가 가장 크게 외쳐야 할 찬양의 목적이심을 잊었다. 더불어 (3) 우리는 우리의 가족과 우리의 가정, 우리의 교육, 우리의 재능, 우리의 음식 같은 아주 기본적이고 물질적인 모든 것을 두고 하나님을 찬양하지 않는 경향이 있다. 고마움은 우리 모두를 예술가로 만들어, 우리의 삶이 마땅히 드려야 할 감사와 찬양의 제사에 훨씬 잘 어울리도록 우리의 삶을 빚으라고 요청한다. 우리가 예배 중에 빵과 포도주, 돈을 제단 위에 놓을 때, 우리는 하나님의 창조 세계의 선물인 물질적 창조물만 놓는 것이 아니라, 우리 자신도 제단 위에 놓는 것이다. 폴 틸리히가 언젠가 주장했듯이, "감사는 성별(聖別)이다. 감사는 세속적 세계에 속한 어떤 것을 거룩한 영역으로 옮겨 놓는다."[3] 예물은 '헌금'이 아니다. 예물은 '회비 납부'도 아니다. 예물은 달콤한 예배 의식 속에 끼어드는 방해물이 아니다. 예배할 때 우리 자신이 바로 예물이다.

로마 가톨릭과 루터교, 미국 성공회, 연합 감리교, 장로교, 미국 연합 그리스도의교회 가운데 주의 만찬 혹은 성찬의 새로운 예전과 이들 그룹이 과거에 주의 만찬에서 했던 말을 서로 비교해 본다면, 여러분은 예배 분위기와 강조점에서 얼마나 극적 변화가 일어났는지 알 것이다. 이러한 분위기 변화가 생겨난 이유는, 다분히 주의 만찬이 예수님의 죽음을 기억하는 우울한 기념식, 구슬픈 탄식 이상임을 깨달았기 때문이다. 주의 만찬은 최후의 만찬이 아니다. 최후의 만찬은 십자가 처형 이전에 예수님과 제자들이 가진 슬픈 회합이었다. 주의 만찬은 최후의 만찬이 아니라 엠마오 만찬 곧 부활 승리 후 예수님이 제자들과 함께 나누셨던 만찬을 경축한다. 엠마오에서 그들의 눈이 열렸고, 빵을 뗄 때 그들은 예수님을 알아보았다. 그들의 상황 전체가 변했기 때문에, 이는 기쁨의 식사였다. 새로운 시대가 동텄다. 헨리 슬론 코핀(Henry Sloane Coffin)이 언젠가 지적했듯이, "당신은 시신 없는 장례식을 치를 수 없다." 우리 그리스도인들에게는 시신이 없다. 우리 주님은 부활하셨다. 슬프고 우울한 장례 식사는 변화된 인류의 상황에 부적절하다. 우리는 부활절의 백성이다! 모든 일요일 예배는 작은 부활절, 우리가 예수님과 함께 죽고 다시 살아나는 시간이다. 우리 그리스도인들이 유대인의 안식일을 준수하거나 그날에 예배하지 않는 이유가 그 때문이다. 그리스도께서 우리를 포함하여 만물을 새롭게 만드셨음을 강조하기 위해, 우리는 일요일에, 부활의 날에 예배한다! 모든 주일은 부활 주일이다.

이것이 바로 세례 요한의 제자들이 예수님과 그분의 제자들의 행동에 대해 이해할 수 없었던 점이다. (우리는 앞 장에서 요한의 설교와 예수님의 설교가 얼마나 달랐는지 살펴보았다.) 요한의 사람들은 예수님의 제자들이 왜 금식하지 않는지 궁금했다. "왜 금식하는 거요?" 예수님이 대답하셨다. "당신들은 슬플 때 금식하더군요. 내 제자들은 기뻐할 무언가를 갖고 있소. 혼인 잔치에 참석한 손님들은 애도하지 않소. 그들은 기뻐하지요. 신랑이 그들과 함께 있기 때문이오. 신랑인 내가 여기 있소! 먹고, 마시고, 즐거워하시오."

우리는 예배에서 이런 즐거운 응답을 회복해야 한다. 그 출발점은 주의 만찬이다. 주의 만찬이 성경적으로 또한 역사적으로 기독교 예배의 중심 행위이기 때문이다. 예수님이 먹보요 술고래라는 바리새인들의 비난은 복음서 기사에 잘 기록되어 있다. 예수님은 파티를 좋아하셨다. 요한에 따르면, 그분의 첫 번째 기적은 결혼식 파티가 계속될 수 있도록 물을 포도주로 바꾸는 것이었다. 예수님은 죄인들과 함께 먹고 마시셨다. 그분은 군중을 먹이셨다. 그분은 모든 사람을 잔치에 초대하셨다. 그분은 영적으로 또한 육체적으로 굶주린 모든 사람에게 좋은 것을 채워 주려고 애쓰셨다.

존 킬링거(John Killinger)의 책 『열한 시 뉴스』(*The Eleven O'clock News*)에 나온 최근의 한 설교에서 나는 다음과 같이 말했다.

> 예배란 하나님을 섬긴다는 의미다. 여러분이 예배를 '섬김'(service)이라고 부르는 이유가 그 때문이다. 이제 기본적으로 하나님을 섬기는 두 가지 길이 있다. 하나는 그분의 잔심부름을 하는 것이다. 굶주린 자를 먹이고, 가난한 자를 사랑하고, 그분의 편에서 싸우고 등등. 하나님을 섬기는 다른 방법은, 그분이 하나님이시고 여러분은 그분의 자녀들 중 하나이기 때문에, 여러분이 해야 할 일들을 하는 것이다. 그분을 위해 노래하고, 그분을 위해 웃고, 그분을 위해 눈물 흘리고, 여러분의 마음에 있는 것을 그분에게 말하고 등등. 일반적으로 이것은 연인들이 항상 사랑하는 누군가를 위해 스스로 웃음거리가 되듯이, 그분을 위해 여러분 스스로 기꺼이 웃음거리가 되는 것이다. 모든 행복한 파티에는 항상 약간의 기쁨과 약간의 바보스러움이 있어야 하고, 일요일마다 여기서 벌어지는 파티도 마찬가지다. 내가 확신하는 한 가지는, 하나님은 우리가 좋은 시간을 갖기 바라신다는 것이다. 그게 나의 확신이다. 좋은 시간, 좋은 소식, 좋으신 하나님.[4]

상당수 성직자들이 입는 칙칙한 검은 의복은 더 밝은 예전 제의를 위해 바뀌어야 할 수도 있다. 우리의 성소는 현수막, 더 밝은 빛과 색깔들로 훨씬 더 적절하게 장식될 수 있을 것이다. 우리의 찬양은 노랫말과 노래하는 방식을 면밀히 살펴 평가되어야 한다. 우리의 예전과 기도는 하나님이 어떤 분이신지, 하나님이 어떤 일을 행하셨고 행하고 계신지, 또한 하나님으로 인해 우리가 어떤 존재인지에 대해 더 많이 말해야 한다. 우리의 설교는 훨씬 대담하고, 훨씬 성경적이고, 훨씬 매력적이어야 한다. 우리의 예배는 우리의 구원, 우리의 도전, 우리의 사명을 위한 '칸투스 피르무스'(*cantus firmus*', 다성음악의 기본 테마—옮긴이)가 되어야 한다. 우리는 매번 예배를 떠나면서 새로워지고, 갱신되고, 힘을 얻어, 우리 아버지의 일이 벌어질 세상 속으로, 가치를 높이 들고 진군해야 한다. 우리가 예배하는 **방식**은 우리가 예배하는 **내용**만큼 중요하지 않다. 우리가 예배하는 대상과 내용에 대해 더 명확히 확신한다면, 예배 방법은 자연스럽게 발전할 것이다.

노스캐롤라이나의 시골길을 따라 운전하면서, 나는 교회 전면에 문구가 걸린 작은 교회 두 곳을 지나갔다. "네 하나님을 만날 준비를 하라." 이것이 첫 번째 교회의 문구였다. "새 노래로 주께 노래하라." 이것은 두 번째 교회의 문구였다. 여기서 여러분은 한편으로 대부분의 전통적 예배와 다른 한편으로 이전의 예배를 회복하려는 작금의 시도 사이의 차이를 확인한다. 전자는 위협과 의무, 보상, 심리적 조작, '하나님의 마음에 들려는' 시도들을 하는 예배다. 후자의 경우 예배란 자애로운 하나님께 대한 응답이다. 언젠가 나는 돌아가는 길에 저 두 번째 교회에서 예배할 것이다. 나는 그 사람들이 어떻게 예배하는지 안다고 장담한다. 그들은 **누구**를 예배하는지 알기 때문이다!

7
많이 받은 자

오래전 미시시피에서 살았던 한 작은 인디언 부족에 관한 이야기다. 이 부족은 유속이 빠른 강 근처에 살았다. 물살이 너무 세고 위험해서, 누구든 강을 건너려고 하다가는 휩쓸려 내려가 익사하고 말았다.

어느 날 적대 관계에 있던 다른 인디언 부족이 이 마을을 공격했다. 인디언들은 곧 강을 등지고 싸우게 되었다. 질주하는 강물 외에는 갈 곳이 없었다. 그들은 강을 건너려고 시도하는 것만이 유일한 희망임을 알았다. 그래서 그들은 부족민 중에서 가장 어린 아이들과 가장 나이 많은 노인들을 모았다. 강한 이들은 이런 연약한 이들을 어깨 위에 앉혔고, 위험을 무릅 쓰고 강을 헤치며 나갔다. 놀랍게도, 그들의 어깨에 앉아 있는 동료 부족민의 체중은 발이 미끄러지지 않도록 막아 주었고, 그들은 세차게 흐르는 강을 건너 해를 입지 않고 피난할 수 있었다.

이 짧은 이야기는 내가 이 장에서 말하고 싶은 핵심을 첫머리에서 요약해 준다. 여기서 나는 자신의 체중 외에 다른 사람의 체중까지 나를 수 있을 만큼 강한 사람들에 대해 말하고 싶다.

"이미 사랑받는 사람만이 사랑할 수 있다. 신뢰받아 온 사람만이 신뢰할 수 있다. 헌신의 대상이 되어 본 사람만이 자신을 줄 수 있다." 그래서 탁월한 독일 신학자 루돌프 불트만(Rudolf Bultmann)은 기독교 윤리, 그리스도인의 행동 양식은 하나님의 자애로운 사랑에 대한 우리의 응답임을 상기시킨다. 옥스퍼드의 젊은 신학생이던 존 웨슬리는 훌륭한 그리스도인이 되기를 진심으로 원했다. 그는 회원들에게 철저한 자기 훈련과 엄격한 선행 실천을 부과하는 '홀리 클럽'(Holy Club)을 창설했다. 하지만 웨슬리의 선행과 고결한 행동도 거의 기쁨을 주지 못했다. 존과 그의 형제 찰스(Charles)는 잉글랜드를 가로질러 위대한 성직자 윌리엄 로(William Law)를 방문했는데, 윌리엄 로는 그들이 기독교의 단순한 복으로부터 무언가 복잡하고 짐스러운 것을 만들어 내려 애쓰고 있다고 말했다. "기독교는 세상에서 가장 단순명료한 것일세." 로는 진지한 두 젊은이에게 말했다. "바로 이것이네. '우리가 사랑함은 그가 먼저 우리를 사랑하셨음이라'"(요일 4:19).

여러분은 이미 이를 갖고 있다. 선행을 실천하는 그리스도인들은 다른 어떤 곳에 이르기 위해 그렇게 하는 것이 아니다. 그들은 이미 도달했기 때문에, 선행을 실천한다. 지난 장에서 우리가 말했듯이, 하나님이 우리에게 원하시는 것은 감사뿐이다. 이것이 우리가 노래하는 이유이고(예배), 또한 우리가 행동하는 이유다(윤리).

성취의 윤리와 응답의 윤리 사이에는 엄청난 차이가 있다. 기독교 윤리는 '선을 행하려는' 시도 그 이상이다. 루터가 깨달았듯이, 우리의 선행은 줄곧 우리 편이신 하나님을 우리 편으로 끌어들이려는 더 엉뚱한 한 가지 시도에 불과하기 때문이다! 기독교 윤리는 고상한 인도주의적 몸짓 그 이상이다. 인도주의적 사랑의 목적은 인간이다. 인도주의자의 사랑은 대개 자신이 인식한 인간의 '사랑받을 자격'에 근거해 있다. 그런데 가끔 인간은 그다지 매력적이지 않다. 가끔 인간은 그 비인간성으로 인해 누군가에게 사랑받기에 가장 부적절해 보인다. 그리스도인이 이웃을 사랑하는 까닭은, 이웃이 멋진 사람이거나 혹은 이웃이 사랑받을 만하거나 혹은 이웃이 사랑에 보답하기 때문이 아니다. 그리스도인의 사랑은 하나님이 자기를 사랑해 주신 그 사랑에 대한 응답이다. 그리스도인은 먼저 인간에 대해 믿는 어떤 것 때문이 아니라, 하나님에 대해 믿는 것 때문에 사랑한다. 그리스도인의 사랑이 종종 단순히 인도주의적 사랑보다 훨씬 끈질기고 훨씬 급진적인 이유가 그 때문이다. 그리스도인의 사랑은 감정 그 이상이다. 우리는 감정이 주지하다시피 얼마나 변덕스러운지 이미 언급했다. 성경에서 사랑이 감정으로 정의된 곳은 어디에도 없다. 성경적 의미에서 사랑은 행동,

결단, 응답, 여러분이 하나님에 대해 아는 바 때문에 행하기로 결단한 어떤 것이다.

반복하거니와, 우리가 항상 은혜를 두 번째가 아니라 첫 번째로 전해야 하는 이유가 이 때문이다. 여러분은 사람들의 머리를 후려치고, 그들의 무릎을 꿇리고, 그들의 인간적 존엄성을 유린한 다음 그들이 성숙하고, 책임 있고, 온전한 인간답게 행동하기를 기대할 수 없다. 그리스도인이 하는 일은, 사람이 어떤 존재인가에 대한 진지한 논의가 선행되지 않으면 사람이 무엇을 해야 하는가에 대한 진지한 논의는 전혀 불가능하다는 놀라운 추론에서 나온다. 해리 에머슨 포스딕(Harry Emerson Fosdick)이 말하곤 했듯이, "**당위**(oughtness)는…본질적으로 **존재**(isness)와 연결되어 있다."[1] 도덕은 종교와 분리될 수 없다. 도덕은 사람들이 **반드시** 무엇을 행하고 무엇이 되어야 하는지 다루는 반면, 종교는 기본적으로 사람들이 **어떤 존재**인가에 관한 메시지이기 때문이다. 기독교 신앙은 사람들이 무력한 어린양이 아니고, 사람들이 지상의 거품이 아니고, 사람들이 우주에서 일어나는 화학 반응의 우연한 부산물이 아니라고 말한다. 그들은 창조되었고, 소외와 절망, 죄책감, 예속, 약함으로부터 구원받은 하나님의 자녀들이다. 기독교 신앙은 사람들에게 이렇게 질문한다. "우리가 이 엄청난 선물을 가진 것을 깨달았으니, 하나님께 대한 경축과 응답 속에서 이런저런 일을 해야 하지 않겠는가?"

우리가 우리 가운데 강한 이들에게 주는 메시지는 자신이 정말 누구인지 아는 확신으로부터 참된 힘이 나온다는 단언이어야 한다. 참된 힘은 소위 몇몇 강한 사람이 뒤집어쓴 강고하고, 이기적이고, 자기만족적인 가면에서 나오지 않는다. 오히려 참된 힘은 하나님의 선한 마음 안에 자신들이 안전하게 자리 잡고 있음을 아는, 하나님이 주신 확신과 은혜에서 나온다.

우리는 사람들이 가진 힘을 윤리적으로 책임 있게 사용하도록 요청해야 한다. 그런데 교회는 이 점에서 문제가 있는 것 같다. 오늘날 사람들은 권력과 힘을 미심쩍게 바라본다. 윌리엄 스트링펠로우(William Stringfellow)와 자크 엘륄(Jacques Ellul) 같은 일부 기독교 사상가들은 권력과 바빌론의 죄를 동일시하고, 권력은 부패한다는 상당히 원론적 주장을 내놓는 데 만족한다. 하지만 리처드 노이하우스(Richard Neuhaus)가 지적하듯이, 타인의 힘이 구제 불가능할 만큼 부도덕하다며 타인의 권력 사용을 전면적으로 규탄하면서 우리가 권력을 행사하는 것은 저열한 행위다! 우리는 권력의 딜레마에서 뒤로 물러나 공동체의 죄성, 윤리적으로 책임 있는 권력 사용, 우리가 받은 선물의 청지기직 등에 관한 까다로운 질문과 씨름하기보다는, 개인의 죄와 약함의 죄, 개인적 문제에 대해 더 많이 얘기하는 경향이 있다. 사업가들에게 사업 세계에서는 이윤이 윤리를 대신하는 경향이 있다고 말하는 것만으로는 충분하지 않다. 부자들에게 돈은 위험하다고 말하는 것만으로는 충분하지 않다.

미국의 백인 중산층 사람들에게 그들이 제국주의적 권력으로 다른 나라들을 희생시키는 경향이 있는 나라에서 살고 있다고 말하는 것만으로는 충분하지 않다. 우리는 더 나아가 힘의 환경에서 우리가 어떻게 신실하게 응답할 수 있는지에 관해 얘기해야 한다.

최근 '지구촌의 기근은 그리스도인의 관심사'라는 설교를 마친 뒤, 격노한 한 성도가 교회 문에서 나를 만나 이렇게 말했다. "목사님은 우리 가족에게 먹을 것이 많다는 죄책감만 갖게 만드셨어요. 어쩔 수 없는 일 아닌가요? 목사님은 인도에 있는 사람이 자기 가족을 굶주림으로부터 지키도록 돕기 위해 제가 할 수 있는 일을 아무것도 말씀하지 않았어요." 분명 나는 단순한 설교조의 잔소리와 죄책감 쌓기를 넘어서는 데 실패하고 말았다. 이런 설교는 복음에 못 미친다.

우리가 종종 상기하듯이, 권력은 부패하고 절대 권력은 절대적으로 부패한다. 하지만 지적이고, 부유하고, 유력한 사람들은 (나는 거의 모든 미국인이 지구촌에 있는 대다수 다른 형제자매들과 비교할 때, 부유하고, 지적이고, 유력하다는 사실을 상기시키지 않을 수 없다) 하나님 나라에 들어가기 위해 자신이 받은 선물을 포기해야만 하는가? 우리는 직장을 그만두고 버몬트의 농업 공동체로 이주하는 것 이상의 일을 해야 한다. 우리는 소위 무력한 자들의 순수함을 동경하는 것 이상의 일을 해야 한다. 우리는 권력에 대해 환원주의적이고 순진한 격언을 전하는 것 이상의 일을 해야 한다. 우리는 권력을 어떻게 책임 있게 사용할 수 있는지 생각하는 힘든 책임을 다루어야 한다. 우리는 대부분 특별하게 복을 받은 사람들이기 때문이다. 우리가 가진 어떤 은사는 하나님으로부터 왔다. 그중 어떤 것은 우리 자신의 이기적 착취와 광적인 노력에서 왔다. 이제, 이런 은사를 가지고 무엇을 할 것인가?

우리가 힘 있는 사람이라고 부르는 이들의 윤리적 책임은 규범과 규율에 대한 부담을 벗어난다. 단순한 율법주의적 규범으로는 충분히 만족스럽지 않을 것이다. 규범은 무책임을 키운다. 일단 우리가 법을 준수했다면, 우리에게 다른 책임이 없다고 느끼기 때문이다. 다른 한편, 책임 윤리에는 종착역이 전혀 없다. 책임 윤리는 하나님께 무한한 책임을 갖기 때문에, 모든 사람에게 무한한 책임을 느낀다. "많이 받은 자에게는 많이 요구할 것이요"(눅 12:48하). 예수님이 보여 주셨던 것 같은 윤리적 대담함을 요구하는 대신, 기독교 도덕을 개인행동에 관한 쩨쩨한 개별 규범 안에 집어넣다니, 우리는 얼마나 좀스러운가! 우리는 기독교가 단지 '노예 도덕'을 양성한다는 니체의 비난을 넘어서야 한다. 젊은 부자 관리가 예수께 왔을 때, 그는 예수께 이렇게 여쭈었다. "내가 무엇을 하여야 영생을 얻으리이까?" 예수님은 그에게 율법을 지키라고 말씀하셨다. "이미 그렇게 하고 있나이다." 청년이 대답했다. 그러자 예수님은 "그럼 가서 네가 가진 것을 전부 다 팔아, 가난한 자들에게 나눠 주어라"라고 말씀하셨다. 예수님은 새로운 율법을 내놓지 않으셨다

(물론 우리는 예수님의 이 명령을 우리가 보통 받아들이는 것보다 훨씬 진지하게 받아들여야 하겠지만 말이다). 예수님은 청년에게 단지 규율과 규범의 한계가 아니라, 책임 있는 감사의 자유와 도전에 근거한 삶의 방식을 제시하고 계셨다.

기독교 윤리에 관한 논의에서, 데이나 프롬 스미스가 『당당한 제자도』에서 했던 말대로, 우리는 강한 자들에게 "행동 규칙이나 규범보다는 감사의 길잡이에 훨씬 가까운" 윤리적 태도를 제시해야 한다.[2] 스미스의 회상에 따르면, 아이가 버릇없이 굴 때 아버지는 아이에게 착한 행동을 강요하면서 규율을 지정할 수도 있고 혹은 밤에 침대 가장자리에 걸쳐앉아 인생에서 중요한 것에 대해 또한 아빠와 엄마가 그를 얼마나 사랑하고 신뢰하는지에 대해 얘기해 줄 수도 있다. 규율을 지정하면 아빠는 힘을 가졌다고 느낄 수 있지만, 그럴 경우 아이는 스스로 무엇을 결정하지 못하는 고분고분한 어린양이 될 수도 있고, 혹은 자기가 무엇을 해야 할지 생각하지 않고 도리어 아버지가 지정한 규율에 맞서 어떻게 반항할지 생각하는 완고한 반항아가 될 수도 있다. 의무가 아닌 감사가 문제의 핵심에 있다.

아이들은 규칙, 흑과 백이 명확한 행동 규범, 항상 옳은 것과 항상 틀린 것을 결정하는 단순한 잣대를 찾는다. 아이들은 규칙을 찾는 반면, 성숙한 어른들에게는 도전이 필요하다. 힘 있는 사람은 이렇게 묻지 않을 수 없을 것이다. '하나님이 내게 주신 은사와 능력을 감안할 때 또 내 이웃의 필요를 감안할 때, 하나님이 내게 바라시는 것은 무엇일까?' 우리는 우리의 재능과 우리의 은사를 책임 있게 사용해야 한다. 힘 있는 사람에게 자율성과 창조성, 역량, 지성을 상상 속 약함의 가면 아래 억눌러야 한다고 말하는 것은, 가서 자기 은사를 밭에 묻어 두라고 말하는 것이나 다름없을 것이다.

성경 곳곳에서 형통한 사람들에게는 큰 책임이 부여된다. 가난한 자들은 언제나 부자들의 책임이다. (참고로, 성경에서 '부자'는 단지 무언가를 소유한 사람, 자기 머리 위에 지붕과 그날그날 살아가기에 충분한 음식을 소유한 모든 사람을 의미한다.) 성경에서 과부와 고아의 책임은 스스로 꾸려 나가는 것이 아니다. '자격 있는 가난한 자'(deserving poor)에 관한 논쟁은 성경에 전혀 없다. '자격 없는 부자'(undeserving rich)에 관한 논의는 종종 나오지만, '자격 있는 가난한 자'나 '자격 없는 가난한 자'는 나오지 않는다. 가난한 자들은 부유한 자들의 책임이다. 그 이유는 단지 가난한 자들은 가난하고 힘이 없고, 부자들은 부유하고 강하기 때문이다. 전 세계 자원의 80퍼센트를 장악한 세상의 한 부분(세계 인구의 5분의 1에 못 미치는 사람들이 세계 자원의 절반을 소비하는 나라)에서 살고 있는 우리는, 이런 책임의 부르심을 들어야 한다.

최근 한 텔레비전 광고는 방과 후 신문을 배달하는 한 젊은 신문 배달원을 보여 준다. 한 석유 회사에 의해 '공공 서비스'로 표현된 이 광고는 이런 식으로 진행된다. "여러분은 지금 한 사업가를 보고 있습니다. 그는 매일 방과 후 몇 시간만 일합니다. 그런데 이 어린 사업가는 매일 전 세계인의 4분의 3보다 더 많은 돈을 벌고 있습니다. 자유 기업 경제. 그 결실입니다." 다시 생각해 보자. 우리나라의 역사, 우리의 지리적·지질학적 특성이 말해 주는 바가 있다. 그것은 우리가 지금의 위치에 있게 된 것이 반드시 이런 혹은 저런 비즈니스 시스템이 다른 시스템에 비해 효과적으로 작동하기 때문이 아니라, 우리가 부유해지는 복을 받았고 극성스럽게 자기를 추구해 왔기 때문이라는 것이다. 만일 방과 후에 신문 배달 구역에서 일하는 한 젊은 신문 배달원이 힘들게 노동하는 세계 사람들의 4분의 3보다 더 많은 돈을 벌 수 있다면, 이런 현실은 이 땅에서 선물의 공정한 배분에 관해 무엇을 말해 주는가?

형통한 사람들은 형제를 지키는 자로서 또한 하나님의 청지기로서 어떻게 책임 있게 행동할 수 있는가? 이 질문에 대한 대답은, 우리가 누구인지—선물의 사람들이고 책임의 사람들임을—스스로 깨닫기 시작할 때 주어질 것이라고 나는 확신한다. 선한 사마리아인이 돈을 갖고 있었던 것에 대해 하나님께 감사하라. 또한 선한 사마리아인이 자기 돈으로 이웃의 필요에 응답했던 것에 대해 하나님께 감사하라. 우리의 응답이 단지 개인적 관점에서만 이루어질 필요는 없다. 만약 사마리아인의 이웃이 한 동네 주민이었다면 이 이야기가 어떻게 되었을지 생각해 보라. 현대 세계에서 우리가 개별 이웃들만이 아니라 전체 이웃에게도 응답하는 방법이 얼마나 많이 있는지 생각해 보라. '부유한' 나라에 사는 우리는 '부유하지 못한' 세상 사람들을 도울 수 있는 특별한 기회를 갖는다. 천만다행으로 우리는 행동하는 사람들과 결정하는 사람들의 공동체에서 태어났다. 우리의 기술과 재능은 매일 다른 결정을 내리도록 우리에게 요구한다. 우리는 생의 잔인함 앞에서 속수무책이 아니다. 인도에 사는 사람도 남아메리카의 굶주린 아이에 대해 걱정할 수 있다. 하지만 기도 외에 인도인이 할 수 있는 일은 많지 않다. 우리의 사정은 다르다.

우리가 사용해 온 상당수의 전통적 기도문들은 하나님의 전능하심과 인간의 무력함을 강조한다.

전능하신 하나님. 스스로 도울 능력이 우리에게
  전혀 없음을 하나님은 아시나이다…
우리의 유한한 본성의 연약함으로 인해, 우리는
  주님을 떠나서는 전혀 선을 행할 수 없나이다…

우리의 현재 상황이 정말 이런가? 우리는 궁극적 의미에서 무력할 수 있다. 우리의 삶에는 우리가 통제할 수 없는 영역이 여전히 많이 있다. 하지만 우리는 전적으로 무력한 것과는 거리가 멀다. 인류의 여러 오랜 문제를 해결할 수 있는 우리의 역량은 점점 커지고 있다. 우리가 이렇듯 상대적이긴 하나, 그럼에도 실재하는 인간의 역량에 근거하여 응답할 수 있을까?

물질적으로 강할 뿐 아니라 정서적·영적으로도 강한 사람들은 기독교적으로 의미 있게 응답할 수 있는 독특한 기회를 갖고 있다. 미성숙하고 약한 사람들은 당면한 염려와 상충하는 충성, 타인의 인정에 의해 분열되고 예속되어 있다. 현대 세계의 큰 필요와 까다로운 질문들에는 세상이 줄 수 있는 것보다 큰 힘의 원천을 가진 성숙하고, 통합적이고, 훈련된 그리스도인들이 필요하다. 이들은 다른 사람들이 자기를 의지하도록 기꺼이 허용하는 사람들, 자기만큼 강하지 않은 다른 사람들이 자기의 힘을 사용하도록 기꺼이 허용하는 건장한 사람들이다. 이런 힘은 사회 정의와 인간 해방의 달성을 가로막는 장애물이 아니라 도구가 될 수 있다. 우리 중 강한 사람들에게 지금보다 더 큰 힘으로 날아올라 구원사에서 자신의 위치에 걸맞은 책임을 감당하도록 요청하자. 그들은 자신의 재능을 사용하되, 자신의 책임을 감당하는 데 죄책감을 느끼거나 달아나지 않아야 한다. 이런 강한 사람들이, 루터의 표현대로 "대담하게 죄를 범하고," 자기 자신보다 더 위대한 것에 자신을 자유롭게 내어 주고, 이웃을 위해 대담하고 결정적인 행동을 감행할 수 있는 내면의 힘과 자유를 갖고 있다.

안정적이고 강한 사람들만이 타인을 이타적으로 사랑할 자유를 갖는다는 것은 심리학적 공리다. 많은 것을 타고난 사람이 참으로 이타적이고 자비로울 수 있다. 에리히 프롬은 『사랑의 기술』(*The*

Art of Loving)에서 지키는 사람과 주는 사람을 대조한다.

> 가장 널리 퍼진 오해는, 주는 것(giving)이란 무언가를 '포기하는 것'(giving up), 빼앗기는 것, 희생하는 것이라고 가정하는 것이다. 주된 성향이 비생산적인 사람들은 주는 것이 빈곤해지는 것이라고 느낀다.
> 생산적인 인물들에게, 주는 것은 전혀 다른 의미를 갖는다. 주는 것은 역량의 최고 표현이다. 주는 행위 자체에서, 나는 나의 힘, 나의 부, 나의 능력을 경험한다.… 나는 넘쳐흐르고, 소비되고, 살아 있고, 따라서 즐거운 나 자신을 경험한다. 주는 것이 받는 것보다 훨씬 즐겁다. 주는 것은 박탈이 아니고, 주는 행동 속에 내가 살아 있다는 표현이 자리 잡고 있기 때문이다.[3]

강한 사람의 주는 행위는 자신이 받은 선물에 책임 있게 응답하는 사람의 행위다.

약한 사람의 사랑은 대개 불안한 자기 비난이나 죄책감에서 나온다. 그런 사랑은 힘과 온전함으로부터 주어지지 않는다. 그것은 자유와 고마움이 아니라, 죄책감 혹은 '행위에 따른 의'를 세우려는 시도에서 나오는 사랑이다. 그런 사랑은 다른 것들을 얻기 위해 무언가를 성취하는 교묘한 이기심인 경우가 비일비재하다. 우리는 보상 혹은 속죄를 구한다. 그래서 우리는 결코 만족스러울 만큼 행할 수 없고, 그래서 우리는 다른 사람에게 배려를 잔뜩 베푼다. 최근 몇 년 동안 흑인들이, 많은 백인 자유주의자들의 사랑은 모욕적 멸시이거나 그 수혜자들에게 무언가를 요구하려는 사랑이라고 지적한 것은 옳았다. 따라서 이것은 자애로운 힘에서 나오지 않고, 오히려 백인의 죄책감이라는 약점에서 나오는 이기적 사랑이다. 참된 기독교의 사랑은 이타적이다. 이교의 사랑은 모종의 자기만족을 성취하려는 시도 속에서 이루어지는 사랑이다. 기독교의 사랑은 보상을 기대하지 않고 혹은 심지어 돌려받으려는 어떤 필요도 느끼지 않고 준다. 강하고 안정적인 사람만이 이웃을 자기 자신처럼 사랑할 자유를 갖고, 이웃에게 자유와 존엄을 허용한다.

비유

내 친구 클레이턴(Clayton)의 네 번째 생일날이었다. 네 살은 아주 특별한 나이인 까닭에, 그의 엄마는 클레이턴이 원한다면 어떤 형태의 생일 파티도 가능하다고 말해 주었다.

"나는 누구나 왕과 여왕이 되는 그런 파티를 원해요." 클레이턴은 한 치의 망설임도 없이 대답했다. 그의 바람이 받아들여졌다. 클레이턴의 엄마는 파티 준비를 시작하여, 스무 개의 종이 금관과 금줄을 두른 감청색 주름지 가운을 만들었고 옷걸이와 판지로는 홀(笏)을 만들었다. 그 뒤에 오후 파티가 시작되었다. 도착한 손님들은 왕의 왕관과 의복, 홀을 받으며 기뻐했다. 파티에서는 누구나 왕이요 여왕이었다. 그리고 클레이턴의 파티에서 모두가 즐거운 시간을 보냈다. 모든 손님은 케이크와 아이스크림을 마음껏 먹었다. 그들은 장엄한 행렬로 건물 끝까지 갔다 돌아왔다. 모두가 왕과 여왕처럼 보였다. 모두 자기가 왕이요 여왕이라고 믿었다. 그뿐 아니라 그들은 모두 왕과 여왕처럼 **행동했다**. 그들은 모두 가장 위엄 있게 행동했다.

그날 밤, 손님들이 전부 집으로 가고 케이크와 아이스크림이 깨끗이 모두 동이 나고 엄마가 클레이턴을 침대에 뉘였을 때, 클레이턴이 이렇게 말했다. "온 세상 **모든 사람**이 왕이나 여왕이 될 수 있었으면 좋겠어요. 내 생일날만이 아니라, **매일요**."

맞아, 클레이턴. 그와 아주 비슷한 일이 2천 년 전 갈보리라고 불리는 곳에서 일어났단다. 아무것도 아니었던 우리가 소중한 존재가 되었지. 우리가 전부 그렇게 믿을 수 있다면, 아마 우리는 그렇게 **행동**하기 시작할 수 있을 거야.

그러나 너희는 택하신 족속이요, 왕 같은 제사장들이요, 거룩한 나라요, 그의 소유가 된 백성이니, 이는 너희를 어두운 데서 불러내어 그의 기이한 빛에 들어가게 하신 이의 아름다운 덕을 선포하게 하려 하심이라. 너희가 전에는 백성이 아니더니 이제는 하나님의 백성이요, 전에는 긍휼을 얻지 못하였더니 이제는 긍휼을 얻은 자니라.

(벧전 2:9-10)

8
다수의 힘

내 기억에, 시인 셸리(Shelley)가 이런 말을 했다. "만일 그리스도가 저 나병에 걸린 신부 곧 교회를 질질 끌며 데리고 다니지만 않는다면, 나는 그리스도를 믿을 수 있겠다." 교회에 대해 셸리가 느낀 문제는 참신하지도 않을 뿐더러 그만의 문제도 아니었다. 몇몇 낙관적인 성경 저자들이 주장하듯이 만약 교회가 '그리스도의 신부'라면, 교회는 허니문 기간조차 정절을 지키지 못한 부정한 신부였다.

최근 교회 비판이 봇물 쏟아지듯 했는데, 그중 대부분은 상당히 타당한 것이었다. 주류 개신교 교단의 교인 감소, 교회 출석과 헌금 축소, 그리고 많은 청년들의 이탈은 모두 서글픈 통계 이야기의 일부다. 안락한 백인 중산층 가치의 세례자가 되어, 프로그램과 신조에 있어서 사실상 지역 가든 클럽과 구별되지 않는 현대 교회의 무기력과 위선을 비판하는 책이 수십 권에 달한다.

이제 이러한 비판이 대부분 타당하다고 인정하고, 교회 안에 있는 우리가 이 비판을 정직하게 직면해야 한다고 인정하면서(사실, 가장 혹독하고 날카로운 교회 비판은 대개 교회를 가장 사랑하는 내부자들 편에서의 비판이다), 동시에 일부 사람들이 교회를 좋아하지 않는 여러 이유에 대해서도 정직하자. 교회가 더 좋게 변할 수 없고 변하지 않을 거라는 비난은 수긍하기 힘들다. 우리 사회의 제도 가운데 교회만큼 엄격한 자기반성을 거쳤거나 혹은 단기간에 교회만큼 많이 변한 것은 거의 없다. 가령, 신성한 옛 로마 가톨릭교회가 제2차 바티칸 공의회 이후 얼마나 철저하게 변했는지 생각해 보라. 로마 가톨릭교회는 지난 5백 년보다 지난 10년 동안 훨씬 많이 변했다. 최근 여러 교파 가운데서 일어난 사고방식과 프로그램의 변화는, 미국 변호사 협회(American Bar Association)나 미국 의학 협회(American Medical Association)같이 방어적이고 수구적인 조직과 비교해 볼 때, 교회 비판자들이 주장했던 것만큼 교회가 경직되거나 퇴보적이지 않았음을 보여 준다. 그렇다. 이러한 현대의 교회 비판 중 대다수에는 더 깊은 뿌리가 있다.

이 장에서 내가 주장하는 바는 이것이다. 곧 많은 사람들이 교회에 대해 갖는 반감은 교회가 그 본연의 실재가 되지 못했다는 실망감에서 기인한 것이 아니라, 오히려 교회가 그 본연의 실재가 되는 데 성공했다는 불만에서 기인한다는 점이다. 단지 교회가, 그 존재 자체의 특성상, 지난 세월 우리 중 많은 사람들이 받아들인 얄팍하고, 이기적이고, 반항적인 가치관에 도전한다는 이유에서 교회를 좋아하지 않는 사람들이 있다. 교회의 몇 가지 약점을 언급했으니, 이제 교회의 몇 가지 장점을 얘기해 보자.

만약 타인이라는 골치 아픈 존재만 없다면, 종교적 삶을 사는 것은 수월한 과업이 될 것이다. 일요일 아침 집에 머물면서 텔레비전으로 오럴 로버츠를 시청할 때 훨씬 종교적인 것 같다고 느끼는 여성, 교회보다 골프 코스에서 훨씬 고양되는 경험을 갖는다고 주장하는 남성, 그리고 60분의 아침 예배보다 20분의 초월 명상에서 '더 나은 떨림'을 경험하는 청년은 모두 사실을 진술하고 있을 뿐이다. 즉 그런 개인적이고, 한적하고, 편안한 환경에서는 '종교적'이라고 느끼기가 **정말** 한결 쉽다. 그런 환경에서 **그리스도인**이 되는 것이 가능한가 여부는 또 다른 문제다!

존 웨슬리는 '외로운 그리스도인' 따위는 존재하지 않는다고 말했다. 믿음은 지켜지기 위해 공유되어야 한다. 기독교는 사회적 종교다. 홀로 있을 때 기독교는 왜소해지고 엉망이 된다. 기독교는 다수 속에서 번영한다. 하지만 끈질긴 개인주의의 이기심에 충실한 우리는, 기독교 신앙이 마치 자기 개발을 위한 통신 교육 과정이나 되는 양 기독교 신앙을 실천하려고 노력해 왔다. 미국 대중 종교의 주요 이단은 '종교는 사적인 문제'이며, 신자와 하나님 사이의 은밀한 접촉이라는 개념으로 소개한다. 이러한 개인주의적 이단은 여러 방식으로 자신을 드러낸다.

먼저, '나와 예수님' 구도가 있다. 이 제의의 추종자들은 (교회는 '그리스도의 몸'이라는 성경의 모든 논의와 "보는 바 그 형제를 사랑하지 아니하는 자는 보지 못하는 바 하나님을 사랑할 수 없느니라"라는 단언을 외면한 채) 종종 '그리스도인'과 '교인' 사이에 차이가 있다고 말한다. 여기서 예수님은 귀 기울여 듣고, 위로하고, 지지하고, 인정하고, 동의하고, 결코 거의 꾸짖거나 질책하거나 비판하거나 판단하지 않는 개인의 친밀한 친구로 전락한다. 이 안락한 밀실 종교에서, 예수님은 성경의 도전적이고 부담스러운 하나님과는 덜 비슷해 보이고 나 자신의 태도와 편견, 가치관에 훨씬 가깝게 보이기 시작한다. 우리 각자를 위해 무언가 해 주기 위해 존재하는 '좋은 친구'이신 예수께 몰두한 나머지, 예수님의 윤리적 요청, 이웃을 모호한 감정만이 아니라 말과 행동으로 사랑하라는 명령, 그리고 세상 속에서 치유하고, 증거하고, 귀신을 쫓아내는 사명은 잊히고 말았다. 옛 복음 성가는 예수님이 "어찌 좋은 친군지" 선포한다. 예수님은 친구, 우리 대다수에게 필요한 친구시다. 우리에게 도전하고, 우리를 다그치고, 우리를 생명으로, 우리 자신을 벗어나 타인의 필요로 부르시는 친구시다. 우리가 정말 '예수님을 마음에 모시면', 그분은 이기적인 관심사로부터 우리를 이끌어 내 고통받는 인류의 어지러운 대중 속으로 우리를 데려가신다. 교회는 참된 기독교가 윤리적이고, 이타적이고, 외향적이고, 친근한 신앙이라는 사실을 상기시킴으로써 '나와 예수님' 제의에 이의를 제기한다.

'나와 예수님' 이단의 최근 변형(또 하나의 기독교 대용품)은 이른바 '네가 하고 싶은 일을 하라' 제의다. 이는 현대적 관용구로 재현된 낡은 자유방임의 끈질긴 개인주의다. '네가 하고 싶은 일을 하라'는 문구는 종교적 믿음과 실천을 대체하는 새로운 대용품들을 가리킨다. 곧 인간 잠재력 운동과 더불어 그것이 설파하는 개인적 성장과 자기 성취의 통속적 심리학 말이다. 프로이트에 기반을 둔 심신 통일 훈련(est), 교류 분석(Transactional Analysis), 감수성 집단과 만남 집단(sensitivity and encounter groups), 게슈탈트(Gestalt) 요법 등의 추종자들은 사람들에게 '개별 인간 잠재력의 성취'를 돕는 다양한 기술을 통해 '자유'와 '해방'을 얻으라고 말한다. 여기에는 대개 동일한 기획에 가담한 일단의 사람들에게 억눌린 감정을 분출하고 깊은 내면을 노출하는 것이 수반된다. 인간 잠재력 운동은 분명 더 풍성한 삶을 살도록 많은 사람들을 도왔지만, 약점도 없지 않을 뿐더러, 기독교 신앙이 요구하는 제자도 및 섬김과는 엄청난 격차가 있다.

'나와 예수님' 제의와 마찬가지로, 이 새로운 '네가 하고 싶은 일을 하라' 기술은 자신의 무의식 세계 속에 완전히 갇혀 있는 '실재'를 발견하기 위해 모든 신념과 가치 체계로부터 벗어나는 주관주의적 초탈을 촉구한다. '실재'란 여러분이 내면세계와 접촉하기 위해 외부 세계와의 접촉을 끊는 '내적 여정'의 최종 결과물이라고 설명된다. 느낌이 대개 신념이나 관념보다 훨씬 중요한 것으로 간주된다. 적어도 '나와 예수님' 제의에는 역사 속 인물이신 예수께 집중한다는 이점이 있다. '네가 하고 싶은 일을 하라'에서 우리는 자신의 자아 속을 더 깊이 바라볼 때에만 진리를 발견한다. '자기애적 퇴행'에 대한 프로이트의 경고는 흥미롭게도 인간 잠재력 운동에서 간과된다. '심신 통일 훈련'은 수행자들에게 이렇게 말한다. "당신은 당신 자신만 책임진다. 당신은 당신의 삶에 의미를 부여해 줄 수 있는 유일한 존재다." 규범과 타인에 대한 책임, 삶의 도덕적·정서적 모호성, 우리 잠재력과 우리 한계 사이의 긴장은 깡그리 무시된다. '네가 하고 싶은 일을 하라'의 목표는 (교류 분석의 용어로) 우리의 '본성적 아이'가 억압적인 성인 세계의 숨막히는 규범과 규정으로부터 해방되는 내면의 행복한 순수(blissful innocence) 상태로 돌아가는 낭만적 회귀다. 여기서 본성적 순수(natural innocence)라는 오래된 루소 신화가 현대적 심리학 용어로 재현된다. 여기서 우리는 모든 사람이 '자기 소견에 옳은 대로' 행하던 때에 이스라엘에게 선고되었던 주관주의적 도덕 폐기론(무법 상태) 주변을 맴돈다(삿 21:25).

이 새로운 통속적 심리학과 반대로, 교회는 그 존재 자체에 의해 실재란 개인의 발견 혹은 올바른 기술을 뒤따를 때 얻는 결과물이 아니라, 공동의 산물이라고 인정한다. 우리 자신 안을 깊이 들여다볼수록, 우리는 역사의 진리와 이웃의 요청, 세상 속에서 벌어지는 하나님의 일하심으로부터 멀리 벗어나는 경향이 있다. 우리는 주관적 자아를 객관적 세계로부터 분리시킨다. 주관주의적 진리는 우리가 만들어 낸 것이기 때문에, 주관주의적 진리는 가장 편안한 진리다! 나는 영적 자기 성찰에 관한 테레사 수녀의 말에 동의한다. "자기 점검을 실천하는 것은 하나님의 큰 은혜지만, 너무 과도한 자기 점검은 부족한 것만큼이나 나쁘다.…우리는 자기 자신에게 시선을 고정하기보다 하나님을 관조함으로써 더 많이 성취해야 한다." 참 자아의 근원이신 절대 타자(Other)에게 발견될 때에만 우리는 '자기 자신을 발견'할 것이다. **진짜** 진리는 다른 사람들로부터, 세계로부터, 또한 하나님으로부터 우리에게 오는 진리다. 그 진리는 가끔 아픔을 주지만 항상 자유롭게 한다. 과도한 자기 관심으로부터 우리를 자유롭게 한다. 교회는 사람들로 하여금 그 불편한 진리의 흔적을 맞닥뜨리게 하기 위해 존재한다.

마지막으로, 오늘날 교회에 도전하는 기독교 신앙의 세 번째 대용품은 예일(Yale)에서 나의 스승 빌 무엘(Bill Muehl)이 '론 레인저 기독교'라고 부른 것이다. 론 레인저(Lone Ranger)는 무뚝뚝한 친구 톤토(Tonto)와 종마 실버(Silver)의 도움에만 의지하여, 백마를 타고 서부를 여행하는 가면을 쓴 익명의 불가사의한 인물이다. 론 레인저는 기존의 법과 질서 울타리 밖에서, 〈론 레인저〉 에피소드에서 대개 우왕좌왕하는 무능력자들로 묘사되는 지방 법 집행 관리들의 도움을 구하지 않은 채 혼자 일했다. 론 레인저는 느닷없이 급습하여, 무고한 사람들과 억눌린 사람들을 돕고, 잘못을 바로잡고, 악을

격파하고, 그런 다음 활기차게 "가자, 실버"라고 외치며 먼지구름 속으로 사라지고, 그가 한 선행의 수혜자들은 "저 가면을 쓴 사람은 누구야?"라고 물을 수밖에 없다.

론 레인저는 지금도 활약 중이다. 목회자들은 이런 상투적 표현을 얼마나 많이 들어왔던가? "글쎄요, 나는 내가 그리스도인이라고 생각합니다. 나만의 조용한 방법으로 좋은 일을 많이 하거든요. 나는 단지 교회 안에서 선행을 하지 않을 뿐이죠. 나는 나만의 방식으로 훌륭한 그리스도인이 될 수 있다고 생각합니다." 조용하게 타인을 돕고 다니는 익명의 독지가 이미지는 매력적이다. 하지만 안타깝게도, 이는 현실이라기보다는 몽상인 경우가 더 많다. 요즘 익명의 독지가를 찾기 힘든 주된 이유는, 필요한 선행이 대부분 공동의 공적인 선행을 요구하기 때문이다. 참으로 선한 사마리아인이 되기 위해서는 위험 감수와 장기간의 개입, 대가가 요구된다. 익명성의 안전, 충동적이고 일시적인 자선 행위의 편의성, 그리고 초연한 기부의 비인격성이 론 레인저 시혜의 진짜 매력 배후에 있다. 점잖은 사람들은 대부분 궁핍한 사람이 자녀들을 위한 음식을 마련하도록 돕기 위해 돈 몇 푼을 기쁘게 내 줄 테지만, 우리는 '정부의 무료 지원'과 '복지 혼란'에 대해 불평을 늘어놓는다. 그런데 이런 정책은 (우리 납세자들의 돈을 계속 사용하겠다고 요청하는 다른 정책들과 견주어 볼 때) 상대적으로 적은 비용을 들여 저소득층 사람들에게 훨씬 장기적이고 협력적인 공동의 책임을 수행하려는 시도다. 가난한 소수 집단이 그들 자신의 거주지와 교회와 학교에 머무는 한, 또한 참된 평등과 존엄을 바라는 그들의 요구에 정면으로 맞닥뜨려야 하는 상황에 몰리지 않는 한, 우리는 그들을 기쁘게 돕는다.

론 레인저가 가면을 써야만 하는 필연적 이유는 겸손 때문이 아니라, 오히려 참된 사랑의 행동을 실천하기 위해 다른 사람들이 필요하다는 사실을 부정하는 저속한 이기주의 때문이다. 론 레인저가 혼자 일하는 이유는 그런 방식이 훨씬 안전하기 때문이다. 혼자 일함으로써 어느 누구도 그의 '선행'의 동기나 방법, 결과에 대해 묻지 않는다. 그는 선량한 사내는 흰 모자를 쓰고 악한 사내는 검은 모자를 쓰는 단순한 세계 속에서 살 수 있다. 그는 선행을 하고, 먼지구름 속으로 사라지고, 자신이 한 행동의 지속적 결과에 대해 어떤 책임을 지지 않아도 된다. 자경단의 역사적 평가는 좋지 않다. 자경단은 불법이다. 그것은 사람들이 '자기 마음대로 법을 주무르면서', 개인주의적 행동 규범에 근거하여 무엇이 옳은지 해석하고, 정의를 수행하려는 자의적 시도 속에서 정의를 왜곡하기 때문이다.

정의는 공동의 노력이다. 성탄절에 가난한 사람의 문간에 음식이 담긴 바구니를 남겨 두는 것은 비교적 단순한 행동이다. 애당초 가난을 양산하는 사회의 법률과 경제 체제, 사회 구조를 변화시키기 위해 노력하는 것은 훨씬 복잡하지만 무한히 큰 사랑의 행동일 수 있다. 예수님은 여러분이 사랑의 행동을 실천할 때 오른손이 하는 일을 왼손이 모르게 하라고 말씀하셨다. 그런데 이 말씀은 훨씬 더 힘들고 훨씬 더 지속적인 사랑의 행동을 실천하기 위해 다른 사람과 손을 잡지 말라는 규정은 아니었다. 교회는 현실의 론 레인저들과 그들의 개인주의적·이기주의적 자선 행동 주장에 이의를 제기해야 한다. 교회가 많은 사람들에게 인기를 얻지 못하는 이유는 교회가 그들에게 무언가를 요구하기 때문이다. 언젠가 엘리엇(T. S. Eliot)이 다음과 같이 썼다.

> 우리는 왜 교회를 사랑해야 하는가? 우리는 왜 교회의 법을 사랑해야 하는가? 교회는 우리에게 삶과 죽음에 대해, 또한 우리가 잊을 수 있는 모든 것에 대해 말해 준다. 교회는 우리가 강경할 수 있는 곳에서 유연하고, 우리가 유연해지고 싶은 곳에서 강경하다. 교회는 우리에게 악과 죄를 비롯한 다른 꺼림칙한 사실들에 대해 말해 준다.[1]

바로 이런 이유 때문에 대부분의 사람들이 교회를 싫어한다.

교회는 사람들에게 성장하라고 요청한다. 교회는 그리스도인이 타고나는 것이 아니라 만들어진다고 전제한다. 개인의 성장을 위한 많은 통속 심리학이나 방법론과 달리, 교회는 인간의 성장이 일주일 안에 끝나지 않는 길고 힘든 여정이라고 단언한다. 성장에는 일생 전체가 필요하다. 옛 부흥사들과 새로운 인간 잠재력 신봉자들은 지속적 결과를 거의 낳지 못하는 성장의 지름길을 추구한다.

교회는 우리가 자연스럽게 하는 일이 우리가 할 수 있는 최선이라는 널리 퍼진 사상에 도전한다. 일요일이 충분히 진가를 발휘한다면, 교회는 아마 우리의 저속한 이기심과 우리의 사소한 거짓말과 속임수, 우리가 품은 편견, 우리의 아이 같은 오판에 도전할 것이다. 나는 대부분의 교회 성도들이 '안락한 회중석'에 있기는커녕, 교회 밖에 있는 동료들에 비해 교회 내부에서 벌어지는 삶의 '꺼림칙한 일들'에 맞닥뜨리기를 더 좋아하는 것은 아닐까 생각한다. 성장은 종종 고통스럽다. 여러분이 사랑하는 우상을 발로 차 버릴 때, 여러분의 거짓 신들을 폭로할 때, 여러분의 거짓을 냉엄한 진리의 빛 앞에 내놓을 때 경험하는 그런 고통을 견딜 수 없다면, 여러분은 교회를 외면하는 것이 현명하다.

교회는 사람들에게 부담을 준다. 교회는 '당신은 시 당국과 싸울 수 없다'는, 우리 인간은 우리의 공동 운명에 전혀 관여할 수 없는, 가련하고 무력한 양이라는 통속적 사상에 이의를 제기한다. 교회는 매번 여러분 자신과 여러분의 은사를 바치라고, 여러분에게 책임이 있음을 노래하고 기도하라고, 경청하고 행동하라고 말할 것이다. 우리는 '나와 예수님', '네가 하고 싶은 일을 하라', '론 레인저' 등 다양한 형태로, 세계와 다른 사람들에 대한 책임을 회피하려고 온갖 노력을 다하지만, 교회는 한 분이신 하나님의 사랑 아래서 우리와 인류의 하나 됨을 강화한다. 장 폴 사르트르(Jean Paul Sartre)의 연극 〈닫힌 방〉(No Exit)에서 세 명의 이기적인 사람들은 문이 전혀 없는 방 안에 영원히 갇힌다. "타인은 지옥이다." 한 등장인물이 절망 속에서 비명을 내지른다. 다른 사람들에 대한 책임에서 벗어날 길이 전혀 없을 때, 타인은 곧 지옥이다!

교회 안에 충분히 오래 머물라. 그러면 교회가 여러분의 시간과 여러분의 돈, 여러분의 사랑, 더 나아가 여러분의 생명까지 요구하는 좋은 기회가 올 것이다. 또한 교회는 그런 성가신 요구에 대해 아무런 변명도 하지 않을 것이다. 교회는 단순히 이상적이고 모호한 '사랑'이나 추상적인 '믿음'을 원하지 않는다. 교회는 우리의 마음이 있는 곳에 우리의 돈을 두기 원한다. (예수님이 마음과 보물에 대해 하셨던 말씀을 기억하는가?) 교회는 헌신과 응답을 원한다. 교회는 여러분 자신의 아픔이나 고통을 느끼는 만큼 세상의 여러 아픔과 고통을 느끼라고 요청할 것이다. 교회는 부활절과 '모든 것이 가능하다'는 말로 냉소주의와 패배주의에 도전할 것이다. 교회는 여러분이 생각보다 훨씬 유력하고 능력 있고, 여러분 자신과 타인에게 더 많은 책임을 지고 있다고 말할 것이다. 교회가 여러분의 응답을 요구하는 단순한 이유는, 교회가 성경을 펼치고, 찬송을 부르고, 설교를 듣고, 사람에게 세례를 주고, 주의 만찬이나 가족 저녁 식사에 참여할 때마다, 응답을 요구하시는 하나님의 음성을 듣기 때문이다.

교회에 죄인들과 위선자들이 가득하기 때문에 교회를 싫어한다고 말하는 사람은, 교회가 그들 때문에 난처한 처지에 있다는 엉뚱한 전제를 갖고 있다. 병원이 아픈 사람들을 부끄러워하지 않는 것만큼, 우리는 죄인들의 무리를 난처하게 여기지 않는다. 죄인들, 위선자들, 믿음이 적은 자들, 버림받은 자들, 병자들, 상처받은 사람들은 예수님 주변에 몰려 있던 사람들이다. 이렇듯 다분히 너저분한 등장인물들을 예수님은 조금도 거북하게 여기지 않으셨다. 그들은 바로 예수님이 이 세상에 계신 이유였다. 게다가 누군가 지적했듯이, 오늘날의 위선자들은 겸손한 세리가 성전 밖에 머물면서 "주님, 저는 죄인이오니, 자비를 베푸소서"라고 기도하는 동안, 성전 안으로 으스대며 들어왔던 자기 의에 가득한 저 바리새인과 다를 것이다. 새로운 위선자들은 교회 밖에서 "하나님, 제가 교회 안에 있는 저 모든 죄인이나 위선자들과 같지 않으니 감사합니다"라고 기도하는 사람들일 것이다.

교회의 일원이 되는 것은 성인(聖人)의 환상에 빠져 괴로워하는 것이 아니다(나는 교회 안에서 이런 허망한 망상을 가진 사람들을 거의 만나 보지 못했다). 오히려 교회의 일원이 되는 것은 우리가 부족하고, 우리에게 약점이 있고, 또한 우리는 자애로운 하나님과 동료 죄인들 앞에서 이런 어려움들이 잘 풀리기를 기대한다고 용기 있게 인정하는 것이다. 교회 안의 죄인들과 교회 밖의 죄인들 사이의 주된 차이점은, 교회 안에 있는 이들은 어느 정도 용서의 자유를 받았기 때문에, 어느 정도 자신의 죄성을 자유롭게 인정하는 것이다. 이것은 상당히 의미심장한 차이다.

교회는 무엇보다 먼저 사람들의 모임, 신성하기보다는 인간적인 제도에 훨씬 가깝다. 이것이 교회의 영광이다. 예수님이 고립된 개인들이 아니라 제자 그룹을 부르신 것은 결코 우연이 아니었다. 또한 우리가 예수님의 죽음과 부활 직후에 예수님의 이름으로 함께 모인 일단의 사람들을 보는 것도 우발적인 일이 아니었다. 세상은 세상이고 우리는 우리이기에, 그리스도인의 삶은 수월한 것이 아니다. 우리에게는 타인이 필요하다. 강한 사람은 자기에게 다른 사람들이 필요하다고 인정할 만큼 충분히 강한 사람이다. 완강한 개인주의자는 영적인 사춘기 청소년이다. 그런 사람은 스스로 기만에 빠져 자기 혼자 할 수 있다고 생각한다. 자유가 '네가 하고 싶은 일을 하는 것' 혹은 '자기 자신이 되는 자유'로 정의될 때, 이는 외로움과 고립의 속박으로 이어지는 거짓 자유다. 다른 사람들에게 응답할 만큼 충분히 자유롭고 강한 것, 다른 사람들이 여러분에게 기댈 수 있게 해 주는 것, 그리고 다른 사람들에게서 배우는 것이 정말로 자유로운 것이다.

여기서 근본적 쟁점은 여러분이 사람들에 대해 무엇을 생각하느냐 혹은 심지어 여러분이 교회에 대해 무엇을 생각하느냐가 아니다. 문제의 핵심은 여러분이 하나님에 대해 무엇을 믿느냐다. 하나님을 찾기 위해 자신의 내면에 도달해야 한다고 혹은 세상 밖으로 나가야 한다고 주장하는 모든 이들에게 맞서, 기독교 신앙은 하나님이 사람이 되셨고 이 세상에서 사셨다는 말도 안 되는 믿음에 기반을 둔다. 전통적 기독교 신앙이 믿는 예수님의 처녀 출생은 예수님이 신적이고 특별하셨다는 증거가 아니다. 이는 하나님이 예수님의 탄생을 통해 인간 안에 또한 일상 안에 들어오셨다는 단언이다. 마리아처럼 평범하고 수수한 보통 사람이 하나님이 이 세상을 구원하시는 데 사용될 수 있었다면, 나머지 우리처럼 평범하고 수수한 보통 사람들도 쓸모가 있다.

성육신(incarnation, '몸 안에') 신학 교리에 따르면, 하나님이 예수라는 이름의 1세기 남성의 삶과 죽음, 부활에서 계시되시듯 하나님은 오늘 다른 남성들과 여성들 안에서 계시되실 수 있다. 주관성 속으로 뒷걸음질하거나 세상으로부터 달아나는 것으로는 아브라함과 이삭과 야곱의 하나님을, 혹은 마리아와 베드로와 바울의 하나님을 발견할 수 없다. 그 이유는, 하나님이 세상 속에 사람들 한가운데 있기로 선택하셨기 때문이다. 교회는 성육신을 믿는 우리의 굳은 믿음의 표현이다. 만약 여러분이 일요일 아침 교회 입구에서 여러분에게 인사하는 뚱뚱한 안내원의 모습에서, 성경이라고 불리는 오래된 뒤죽박죽의 책을 읽으면서, 성가대에서 노래하는 저 나이 많은 소프라노의 떨리는 독창에서, 뜻은 갸륵하나 재능은 없는 저 설교자의 설교에서, 회중석에서 여러분 좌우에 앉아 있는 저 다정한 노인의 미소나 쉴 새 없이 움직이는 돌쟁이 아기의 꼼지락거림 속에서 하나님을 발견할 것이라고 기대하지 않는다면, 교회 때문에 성가실 필요가 전혀 없다.

기독교 신앙의 스캔들이자 진짜 걸림돌은, 기독교가 나사렛 출신의 ("나사렛에서 무슨 선한 것이 날 수 있느냐?") 한 유대인을 가리키면서 이렇게 말한다는 점이다. "하나님 아들의 모습이 이와 같다." 교회의 스캔들은 일부 약하고 일부 강한 사람들, 가끔 신실하고 가끔 어리석은 사람들이 이룬 오합지졸의 잡동사니를 가리키면서 이렇게 말한다는 것이다. "하나님 나라의 모습이 이와 같다." 말씀이 육신이 되어 우리 가운데 거하셨다. 두세 사람이 모인 그곳에 하나님이 현존하신다. 어떤 사람이 하늘나라가 무엇과 같은지 여쭈었을 때 예수님이 말씀하신 흥겨운 큰 잔치 비유에서, 잔치의 격에 맞는 고상한 모든 사람이 주인의 초청을 거절하자 주인은 모든 부랑자와 악당, 창기와 세리에게 잔칫상에 와서 먹으라고 초청했다. 만약 하늘나라의 모습이 이 잔칫상과 같다고 믿지 못한다면, 여러분은 교회가 성찬 상 주위에서 음식을 먹던 최초의 옛 교회 때문에 옥신각신하던 저 죄인들의 무리와 비슷하다는 것을 결코 믿지 못할 것이다.

내가 조지아주에서 교육 전도사로 처음 일하던 시절, 교회 구성원들의 형편없는 수준 때문에 얼마나 실망했는지 신학교 교수님에게 불평을 털어놓은 일이 기억난다. 나는 그들의 부부 문제, 헌신 부족, 전반적인 후진성에 충격을 받았다. 솔직히 나는 훨씬 더 나은 대접을 받아야 한다고 생각했다. 나의 장황한 불평을 들은 뒤 교수님은 이렇게 대답하셨다. "그런데 충격적인 사실은, 그런 사람들이 하나님 나라에 먼저 들어갈 거라고 예수님이 말씀하셨다네.

자네는 이 점에 대해 어떻게 생각하나?"

나는 오늘날 교회를 보면서 우리의 불성실, 우리의 무기력, 우리의 소심함에 아연실색한다. 나는 우리 구성원들 안에서 배반과 무지, 두려움, 이기성, 안일함, 오만을 본다. 요컨대, 나는 저 최초의 열두 제자들의 스캔들을 고스란히 빼닮은 현대판 제자들을 본다. 복음서 저자들은 이 최초의 제자들이 결코 성인이 아니었음을 증명하기 위해 아주 상세히 기술한다. 그런데 예수님은 바로 이런 사람들에게 하나님 나라의 열쇠를 맡기셨다. 그분은 다시 돌아오실 때까지 자신의 사역과 소유물의 책임을 이 사람들에게 맡기셨다. 바로 이 사람들에게 예수님은, 이 세상에서 강해 보이는 많은 사람들이 실은 약하고, 약해 보이는 많은 사람들이 실은 강하다(예수님이 그들과 같은 사람들을 가리켜 하신 말씀이다)는 신비를 계시하셨다. 이 사람들에게, 단지 동일한 주님을 소유했다는 이유만으로 전부 함께 모였고 주님의 일에 충실하기 위해 서로가 필요함을 알았던 이 사람들에게, 예수님은 이 세상 나라를 전복시킬 수 있는 권능을 주셨다. 물론 세상은 하나님 나라에 관한 이 모든 논의가 이미 끝났다고 생각했지만 말이다.

바리새인들이 예수님을 겨냥해 쏟아부었던 비난 중 하나는 그분이 죄인들과 함께 먹고 마신다는 것이었다. 매번 교회가 주의 만찬을 먹고 마실 때, 교회는 예수님이 오늘날에도 같은 부류의 식사 친구들을 선택하신다고 주장한다!

9
장성한 사람을 위한 기독교

메리 장 아이리언(Mary Jean Irion)은 자신의 책 『예스, 월드』(Yes, World)에 있는 유쾌한 에세이 "왕할머니의 옷 그림자"(The Shadow of Great-Grandmama's Dress)에서, "가장 중차대한 문제들에서 교회는 우리 아버지들의 믿음이 아니라 귀여운 노부인들의 믿음에 따라 행동한다"고 진술한다.[1] 우리는 어떤 교회가 요동치는 세상 속에서 믿음의 문제들에 용기 있게 직면하기 위해, 교회 예배에 다시 활력을 불어넣기 위해, 사람들에게 종교를 의미 있게 제시하기 위해 노력하다가, 그 뒤에 누군가 **"귀여운 노부인들은 어떻게 생각하실까?"**라는 치명적 네 마디를 던지는 것을 얼마나 자주 보았던가. 그러면 쾅, 상황 끝!

우리는 왕할머니의 화를 돋우지 않으려고 염려하면서 믿음을 길들이고 제한함으로써, 기독교에는 기껏해야 마시멜로를 입힌 스

펀지 케이크 한 입 분량의 용기만 남고 말았다. 만약 회중석에 앉은 사람들이 최근 신학 논쟁에 대해, 성서학의 새로운 진보에 대해 무언가 안다면, 그들은 혼자 힘으로 이를 배웠을 가능성이 높다. 강단에서는 그런 것을 거의 듣지 못할 것이다. 그 이유는 X 목사와 Y 목사가 이렇게 다짐했기 때문이다. "귀여운 노부인들에게 그런 내용을 말할 수는 없어. 그러면 그들의 믿음이 무너질 테니까."

우리가 그토록 애써 보호하는 그 '믿음'은 진지한 검토 앞에서 붕괴되어 버릴 일련의 유치한 오해와 시대착오적 신념, 단순한 태도인 경우가 비일비재하다. 만약 그런 것들이 강단이나 교회 학교 교실에서 검토된다면, 왕할머니는 현실을 직시하고 어느 정도 성장할 수도 있을 것이다. 그런데 우리는 왕할머니가 절대 그러지 못할 거라고 가정한다. 또한 왕할머니에게 말할 수 없는 것은 누구에게도 말해서 안 된다. 교회의 말과 행동은 질편한 밀크 토스트마냥 복음을 어렴풋하게도 닮지 않게 될 때까지 치밀하게 평가되고 걸러진다.

만약 이것이 많은 교회에서 벌어지는 일에 대한 공정한 평가라고 한다면, 이런 유형의 꽉 막히고, 순진하고, 미성숙한 기독교의 대표자로 하나의 특정 연령과 성을 뽑아내는 것은 불공평하다. 이런 사고방식은 결코 귀여운 노부인에게만 국한되지 않는다. 나는 동일한 지적 특징을 가진 건장한 십대와 뚱뚱한 성직자, 여성 대학생, 훤칠한 중년의 남성 사업가 들을 만났다. 그들의 신체는 젊고 활기찰 수 있지만, 그들의 마음과 정신은 경직되고 낡았다. 그들이 내세우는 '단순한 믿음'은 십중팔구 스스로 위험 감수를 거부하고 결코 생각하거나 성장하지 않기로 결단했다는 고상한 표현 방식이다.

귀여운 노부인들이 이런 늘어진 형태의 기독교의 전형으로 뽑힌 것은 유감이다. 내가 목회자가 된 후 얼마 지나지 않아 발견한 저 반짝이는 눈의 흰머리 소녀들은, 내가 마땅히 해야 하는 말보다 더 많이 말했을 때 "그래요, 계속 해 봐요"라는 대답으로, 혹은 행복한 옛 시절의 여러 사건에 관한 살짝 야한 농담으로 '귀여운 노부인' 이미지를 깨뜨렸다. 나는 대부분의 나이 많은 교회 구성원들이 젊은 사람들보다 훨씬 끈기 있게, 믿음이 요구하는 바가 무엇인지 전부 말해 달라고 교회에 요청한다는 사실을 깨달았다. 그것은 아마 그들이 나머지 우리보다 더 오래 살았거나 혹은 인생의 우여곡절을 더 많이 경험했거나 혹은 제자도가 얼마나 어려울 수 있는지 오랜 세월에 걸쳐 깨달았기 때문일 것이다.

그렇다, 왕할머니는 온갖 모습과 성별, 연령으로 온다. 가급적 세상 속으로 들어가 모험을 감행하기보다 세상 속에 그대로 안주하려는 사람, 성장하기보다는 소싯적 신들과 아이 같은 희망에 매달리는 사람은 누구든 왕할머니다. 인생의 모든 문제를 풀어 줄 깔끔하고 손쉬운 일련의 해결책을 찾는 십대, 자신의 얄팍한 가치관과 숨은 편견을 교회가 용납해 주기를 바라는 중년 부부, 여섯 살

시절의 교회 학교 믿음으로 육십 대를 헤쳐 나가기 바라는 노인들이 현실의 '귀여운 노부인들'이다.

그런데 어떤 잔인한 짐승이 인정사정 보지 않고 귀여운 노부인의 믿음에 참견하겠는가? 그들의 연약한 믿음을 그냥 받아들이고, '여러분이 진지하기만 하다면 무엇을 믿든 문제 되지 않는다'고 말해 주지 않는 이유는 무엇인가? 또한 왕할머니가 온전한 기독교 신앙에 맞닥뜨리지 않아도 되도록 계속 보호하고, 격리하고, 지켜 주지 않는 이유는 무엇인가? 우리가 (모든 연령과 성별의) 왕할머니들을 홀로 두지 않아야 하는 이유는, 삶의 요구가 거세고 부담스럽기 때문이다. 세상에는 귀여운 노부인들을 이용하고 남용하고 써먹어야 할 대상으로만 보는 사람들이 있다. 어떤 사람이 의심이나 비극에 맞닥뜨릴 때, 어떤 사람이 인생의 복잡한 문제에 직면할 때, 그래도 교회가 훨씬 평온한 시절에 자기 마음을 보호해 주었다며 고마워하지 않을 것이다. 우리는 온실 같은 과보호 환경에서 유약한 그리스도인들을 양산했다. 기독교는 사람들에게, 심지어 왕할머니 같은 고상한 사람들에게 단순히 고상한 것보다 훨씬 많은 의미가 있다.

예수님은 사람들에게 '고상하지' 않으셨다. 그분은 개인적 경험을 통해 삶이 결코 오후의 티 파티(tea party)가 아님을 아셨다. 누구든 온전한 영적 성숙과 힘에 도달하지 못하도록 막을 권리가 우리에게 있는가? 교회 안이든 밖이든, 사람들은 대부분 우리가 흔히

짐작하듯이 천진난만하고 유약하지 않고, 무력하고 나약하지 않다. 가끔 우리 사역자들은 자신의 영적 나태를 변명하면서, 우리의 소심함이 왕할머니의 믿음을 염려하기 때문이라는 평계를 댄다.

귀여운 노부인은 어쩌느냐고? 그럼, 방임적이고 가치를 상실한 사회를 마주한 십대들은 어쩔 것인가? 혹은 이혼 직전의 젊은 부부는? 사면초가에 몰린 사업가는? 자포자기 상태의 생활 보호 대상 어머니는? 지루함과 답답함을 느끼는 가정주부는? 외로운 독거노인은? 혹은 기독교 신앙이란 생각 없는 약골들을 위한 버팀목에 불과하다고 판단하고, 기독교 신앙을 포기해 버린 사람은? **이들은** 어떤가?

창세기로 돌아가서, 늙은 아브라함과 사라가 점점 나이를 먹고 있었을 때(아브라함은 그때 백 살이었고, 사라는 아흔 살이었다), 하나님은 그들을 살짝 놀리셨다. 하나님은 아브라함에게 사라가 마침내 아이를 갖게 될 것이라고 말씀하셨다. 아브라함은 이거야말로 일종의 잔인한 농담이라고 여기면서, 창세기에서 전하듯이 "엎드려 웃었다"(17:17). 이 이야기의 또 다른 버전에서 사라는 하나님이 물으셨을 때는 부인했지만, 실은 속으로 크게 웃었다. 그런데 이 농담이 그들에게 적중했다. 9개월 후, 늙은 부인은 첫아들을 낳아 그를 "이삭"이라고 불렀는데, 이 이름은 히브리어로 '웃음'을 의미한다. 그녀는 노인 병동에서 분만실로 가는 동안 줄곧 웃었다.

사라와 아브라함이 웃었던 이유는, 이것이 90세 여성에게 일어나기에는 말도 안 되는 일이었기 때문이다. 프레드릭 비크너는 하나님이 그렇게 터무니없는 유머 감각을 갖고 계신다는 생각에 그들이 웃었다고 말한다.[2] 그들이 웃었던 이유는, 만약 이 모든 게 사실로 밝혀진다면, 정말로 미소 지을 일이 그들에게 생길 것이기 때문이었다. 그들이 웃었던 이유는, 그들이 고령인데도 여전히 성장해서 무언가 할 수 있는 일이 있기 때문이었다. 나는 이 이야기의 교훈이 하나님이 귀여운 노부인들을 깜짝 놀라게 만들기를 좋아하신다는 것이라고 생각한다. 하나님은 우리가 우리 자신을 믿는 것보다 우리와 우리의 능력을 훨씬 더 많이 믿으신다. 우리는 우리가 생각하는 것만큼 약한 것도, 모자란 것도, 한물간 것도 아니다.

하나님은 남녀노소를 불문하고 귀여운 노부인들, 곧 우리 모두를 위해 놀라운 일을 마련하신다.

아브라함과 사라의 경우처럼, 하나님은 어떤 낯선 곳으로 모험을 감행하라고 우리를 부르신다. 아브라함은 친근한 선조들의 땅을 떠나 미지의 땅으로 여행했다. 그것은 단지 하나님이 자기를 앞으로 이끌고 계신다고 느꼈기 때문이다. 더 익숙한 땅에 남아 있고 싶은 유혹이 있었지만, 아브라함은 하나님이 숨 돌리기에 충분할 정도만 멈추었다가 다시 우리에게 손짓하시는, 살아 움직이시는 하나님임을 알았다. 부활절 아침에 예수님의 시신을 볼 수 있을 거라고 기대하면서 무덤에 도착한 여자들에게 천사가 말했듯이, "그가 여기 계시지 아니하니라. 예수께서 너희보다 먼저 갈릴리로 가고 계시느니라!"

아브라함과 사라는 믿음으로 모험을 감행했는데, 이는 그들이 신뢰에 근거하여 여행했다는 말이다. 그들은 하나님이 자기들을 신뢰하신다고 느꼈던 까닭에, 하나님을 신뢰했다. 아이도 없고 겉보기에 생식 능력마저 상실한 늙은 아브라함은 한 민족의 선조가 될 것이라는 말도 안 되는 약속을 믿었다. 그가 믿었던 이유는, 하나님이 자기를 믿으시는 것 같았기 때문이다. 그들은 자신을 '주의 여종'이라고 불렀던 마리아와 비슷했다. 이 말은 그녀가 천사 가브리엘에게, "주께서 내게 무엇을 하라고 요청하실지 모르지만, 어쨌든 순종하겠습니다"라고 하나님께 전해 달라고 했다는 뜻이다. 혹은 마리아의 아들이 비슷하게 불확실한 상황에서 "나의 원대로 마시옵고 아버지의 원대로 하옵소서"라고 말했던 것과도 비슷했다. 이것은 우리에게도 해당될 수 있다. 가끔 우리가 생각하는 것만큼, 우리는 약하거나 무력하거나 악하지 않다. 우리가 발견하지 못한 힘과 능력이 우리에게 있다. 우리에게 필요한 것은 그저 여러 놀라운 일들에, 농담이 우리를 겨냥할 때 여러 웃음에, 미지의 영역으로 가는 여러 여정에 열려 있는 것이다. 기독교는 성인용이다. 모든 연령대의 영적 성인들을 위한 것이다. 믿음의 대체물들은 우리 편에서의 어떤 위험 감수나 신뢰 없이 안전과 구원, 평화, 기쁨을 약속한다. 믿음의 대체물들은 우리가 갈 수 있는 곳을 탐색하기보다 우리가 있는 이곳에 만족하라고 말할 것이다. 이런 것들은 모두 거짓 믿음이다. 이런 것들은 어떤 믿음도, 어떤 신뢰도, 어떤 위험 감수도, 어떤 성장도 요구하지 않기 때문이다.

예수님이 우리에게 요청하시는 그런 종류의 참된 믿음은 "바라는 것들의 실상이요 보이지 않는 것들의 증거"다(히 11:1). 그런 믿음은 소유가 아니라 과정이다. 그런 믿음은 남은 생애 동안 곱씹어야 할 것을 우리에게 준다. 믿음은 의심이 전혀 없는 확실성이라기보다는 의심 한가운데서의 확신이다. 믿음은 우리가 내디뎌야 할 발걸음을 죄다 말해 주는 상세 지도가 아니라, 올바른 방향을 지시해 주는 나침반을 갖고 떠나는 여행이다. 믿음은 여러분이 어디로 가고 있는지 확실히 아는 것이 아니라, 여러분이 여행 동반자를 좋아하고 그 길을 누가 인도하는지 알기 때문에 어쨌든 가는 것이다. 믿음은 여러분이 절망에 빠져 다른 데 갈 곳이 전혀 없을 때까지, 혹은 여러분이 산산이 부서져 가련한 처지에서 억지로 가야만 할 때까지 출발을 미루지 않는 여행이다. 믿음은 가이드가 신뢰할 만하고 여행이 대가를 치를 만하다는 좋은 소식을 여러분이 들었기 때문에 가는 것이다.

최초의 그리스도인들은 '그 도(道)를 따르는 사람들'이라고 불렸다.

이 책을 마무리하면서 나에게 많은 의미를 담고 있는 그림 하나를 소개하려고 한다. 이 그림은 15세기 이탈리아 화가 피에로 델라 프란체스카(Piero della Francesca)가 이탈리아의 한 마을 관청 벽에 그린 것이다. 그림의 제목은 "부활"이다. 배경은 부활절 아침, 바로 동틀 무렵이다. 피에로는 무덤에서 부활하신 그리스도의 모습을 우리에게 보여 준다. 무덤 기단(基壇)에는 네 명의 로마 군병이 창과 방패에 기대어 잠들어 있다. 무덤을 지키기 위해 파견된, 로마 황제의 상징을 지닌 로마 황제의 사람들이 여기 있다. 그들은 자기들 가운데서 벌어지고 있는 기적을 알지 못한 채 잠들어 있다. 그들은 예수님의 에피소드에서 로마 황제와 그의 군단이 최종 결정권을 가졌다고 여긴다. 그들은 틀렸다.

그들 위로 그리스도께서 죽음에서 생명으로 부활하여 차가운 무덤 밖으로 올라오신다. 그분의 옆구리와 손발에서 십자가형의 상처가 보인다. 이 상처들은 구세주와 범죄자를 똑같이 다루는 악한 세상의 행위를 상기시키는 잔인한 표식이다. 무덤 위에 그분의 발이 단단히 놓여 있다. 십자가, 곧 수치와 고난과 굴욕의 상징이 승리의 휘장으로 바뀌었다. 그리스도는 이제 이를 승리의 전투 깃발처럼 가지신다. 악의 정사와 권세는 그분과 격돌하여 패배했다. 그리스도의 몸은 이 승리의 구체화된, 가시적인, 만져지는 증거다.

좌측 배경의 풍경은 겨울과 적막함에 지배당하고 있다. 나무 위에는 나뭇잎이나 생명의 흔적이 전혀 없다. 우측에는 집들의 옥상이 보이고, 나무들은 초봄에 싹트는 푸른 나뭇잎을 선보인다. 그리스도께서 죽음에서 생명으로 옮아가셨을 뿐 아니라, 그분의 사역을 통해 세상은 죽음에서 생명으로, 더불어 겨울에서 봄으로 옮아갔고, 옮아가고 있다. 새벽 여명은 모종의 엄청난 우주적 변혁이 시작되고 있음을 알린다. 세상 전체가 새로워지고 있다.

나는 이 그림을 처음 보았던 때를 기억한다. 나는 대학생이었고, 몇몇 친구와 함께 유럽 전역을 여행하면서 여름을 보내고 있었다. 나는 이탈리아 전원 지대를 관통하는 무더운 먼지투성이의 울퉁불퉁한 길을 운전했다. 한없이 구불거리는 길이 작은 마을과 마을을 관통하고 지루한 날이 이어지면서, 나는 과연 이 여행이 그만한 가치가 있는지 의문이 들기 시작했다. 보르고 산 세폴크로(Borgo San Sepolcro, 프란체스카의 고향—옮긴이)의 시청사(Palazzo Comunale)에 들어가서 홀을 내려다보고 뒷면 벽을 덮고 있는 "부활"을 응시했을 때, 나는 이 여행이 그만한 가치가 있었음을 알았다.

"부활"은 복음, 곧 우리가 2천 년 전에 받은 최고의 소식인 그리스도의 강하고, 대담하고, 폐부를 찌르는 비전으로 지금까지도 내 마음에 박혀 있다. 우리는 오늘 그 힘의 비전을 회복해야 한다. 그 힘은 우리를 유린할 모든 것으로부터 우리를 먼저 구원하고, 그런 다음 계속되는 세상의 구원에서 우리의 자리를 마련해 준다. 아멘!

"부활"
피에로 델라 프란체스카

추천의 글

릴리언 대니얼(Lillian Daniel)은 아이오와에 살고 있는 설교자, 교사, 작가다. 그녀의 최근 저서로는 『교회를 위한 변명에 지치다』가 있다.

내가 윌 윌리몬에 대해 들은 것은, 베이스 기타를 연주하던 시절에 최고의 펑크 록 밴드의 음악을 들었던 방식과 비슷하게 해적판 테이프를 통해서였다. 긱(Geek)이라는 밴드를 해체하고 그 뒤 예일 신학교(Yale Divinity School)에 입학한 지 3년 후, 나는 갑자기 임직을 받아 코네티컷주 체셔에서 설교를 했다. 내가 어쩌다가 소박한 교외에서 목사 노릇을 하고, 뉴잉글랜드 교회 바로 옆에 있는 목사관에서 지내게 되었을까? 잘 나가는 대학원 친구들은 전부 코에 피어싱을 하고도 무사하던 때에 말이다.

엎친 데 덮친 격으로, 회중 가운데 상당수가 고학력 전문직이던 나의 새로운 신도들은 내가 받은 석사 학위를 보고 모금과 교회 성장이라는 두 분야 모두에서 '최고 성과'를 내주기를 기대했다. 유감스럽게도 내 기억에는 학교에서 두 과목 중 어떤 것도 다루지 않았다. 그들의 세 번째 기대는 그들이 보기에는 말로 표현할 필요가 없는 것이었지만, 다시 말하거니와 그것은 신학교의 주요 필수 과목 목록 어디에도 없었다. 또한 그들은 내가 탁월한 설교자로서 자신들의 삶을 성경과 연결해 주기를 기대했다. 우리는 학교에서 설교 사역의 중요성을 다루기는 했지만, 돌이켜 보면 우리가 정말 훈련받은 것은 생생한 강의를 전달하는 것이었는데, 요즘이라면 나는 이게 모순 어법이라고 말할 것이다. 그래서 나 자신의 무능함에 대해 더 많이 깨달아 가던 목회 초창기에, 나는 석사 학위 과정에서 훈련받은 그 일, 곧 광적인 검색과 훑어 읽기를 시작했다.

바로 그때, 한 성직자 친구가 내게 건네준 설교 테이프 복사본을 통해 윌 윌리몬의 육성을 접했다. 나중에 나는 그 테이프를 정직하게 제값을 주고 직접 구입했는데, 이는 내가 그 정도로 훌륭했기 때문이 아니라 그 설교가 그 정도로 훌륭했기 때문이다. 그때만 해도 녹음된 설교는 러시아 방송과 경쟁하는 텔레비전 부흥사나 유명 설교자들의 전유물이었지, 가령 점점 줄어 가는 견진성사 반의 관심을 끌기 위한 것은 아닌 듯 보였다. 체류 외국인들(resident aligns)에게 설교하라는 윌의 도전은 자신이 설정한 목적이 이끄는 삶을 팔며 돌아다니던 설교자보다 훨씬 더 많은 목적을 내게 주었다.

나에게 이런 역할을 해 준 윌리몬의 목소리에는 사우스캐롤라이나에 있는 내 친척들과 비슷한 억양, 코네티컷에서 만난 교수님들의 지성, 그리고 바빌론에 유배된 한 예언자의 용기가 담겨 있었다. 그의 비유 해석을 귀담아 듣는 것은, 양파를 채 썰고 있는 유명 요리사 옆에 서 있는 것과 비슷해서, 양파 냄새에 허기를 느끼고 그런 다음 눈물을 흘리게 된다. "농장 경영 불가"(No Way to Run A Farm)라는 설교를 들었을 때, 나는 임직 2년차였지만 그 순간 마치 내가 새로운 부르심을 받은 것 같았다.

그리고 나중에 그가 얼마나 책을 많이 내는 저자인지 알게 된 뒤, 그가 글쓰기 작업에 전문 용어를 전혀 끌어들이지 않았다는 사실을 알고는 속이 후련했다. 책에 담긴 단어들에서 귓가를 간지럽히는, 직설적이면서도 대개 유쾌한 그의 목소리가 들리는 듯했다. 우리가 서로 만나기 오래전, '진정성'이 그저 과도한 나눔과 자기선전을 위한 유행어가 되기 전에 그는 나에게 교회만의 진정성에 대한 롤 모델이 되었다. 그의 진정성은 존경받는 논객의 진정성이었다. 그는 논쟁을 두려워하지 않았을 뿐 아니라, 논쟁을 위해서 선뜻 시간을 냄으로써 상대방이 존중받았다는 느낌을 갖게 해 주었다. 나도 언젠가 그런 책을 쓰고 싶었다.

2013년에 나는 『'종교 없는 영성'으로 불충분할 때: 뜻밖의 장소, 무려 교회에서 하나님 보기』(When "Spiritual But Not Religious" Is Not Enough: Seeing God in Surprising Places, Even the Church)라는 책을

썼다. 이 책은 가톨릭 토크 라디오와 PBS, 「크리스천 사이언스 모니터」(Christian Science Monitor), 「크리스채너티 투데이」(Christianity Today), 「뉴욕 타임즈」(New York Times) 등에 넘나들며 대화의 불을 지폈다. 내가 물속에 던진 떡밥은 온갖 종류의 상어들을 유인했고, 그들은 이렇게 말하는 내게 갈채를 보내거나 비난했다.

개인적으로 종교 없는 영성은 나의 흥미를 끌지 못한다. 오롯이 혼자 하는 깊은 사색에는 도전적인 내용이 전혀 없다. 이 일을 공동체 안에서 할 때 흥미롭다. 공동체 안에서 다른 사람들은 여러분에게 무슨 일을 시키기를, 혹은 그러지 않기를 바라나 여러분과 의견이 다를 수도 있다. 여러분이 혼자서 전체를 고안하지 않은 전통에 깊이 파고들 때, 하나님과 함께하는 삶은 더 풍성해지고 더 흥미진진해진다.

오늘날처럼 그 당시 교회도 '자유주의'와 '보수주의' 진영이 나뉘어 있었고, 그리하여 수십 년 뒤에는 정계나 재계의 최악의 관행을 받아들여 이를 형편없이 실행하는 미국 기독교의 습성이 형성되고 있었다. 그래서 이런 일들을 추적한 사람들은 내 책이 양쪽 '진영'에서 논의되는 것을 보고 깜짝 놀랐다. 여기에는 나의 성별이 걸림돌이 되어 내가 실제 목사가 되지 못한다고 믿었던 이들 뿐 아니라, "종교 없는 영성이라고? 나를 따분하게 하지 말아

줘"(Spiritual But Not Religious? Please Stop Boring Me)라는 제목의 장에 나오는 다음의 상상 속 만남에서 내가 제시한 주장에 공감한 이들도 포함된다.

비행기를 탈 때면, 혹시라도 내가 목회자라는 걸 발견하고 자기가 '영적이지만 종교적인 사람은 아니다'라고 설명하는 데 비행시간을 할애하려는 사람과 대화를 나누게 될까 봐 두렵다. 그런 사람은 이게 마치 기성 종교에 용감하게 맞서 저항하는, 자신만 지닌 대담한 통찰이나 되는 양, 항상 이런 입장을 얘기한다. 밑도 끝도 없이, 그는 지는 해를 바라볼 때 하나님을 발견한다고 말하고 있다. 이런 사람들은 늘 석양에서 하나님을 발견한다.

내가 쓴 글들은, 나처럼 여성 사역자와 동성 결혼, PBS 에코백(소수자와 다양성, 포용 등의 가치를 담은 콘텐츠를 대거 제작하는 미국 공영방송사 PBS의 대표적 굿즈―편집자), 재활용 프로그램을 지지하는 주류 개신교인들로부터 의로운 행위의 경계를 넘나든다는 불평의 아우성을 이끌어 냈다. 다시 말해, 이들은 '내 편'이었는데, 말로는 그동안 내가 품어 왔던 생각에 동의한다고 하면서도 그것을 교회 바깥 사람이 실제로 읽을지 모르는 인쇄물에 담았다는 죄명으로 나를 소환했다. 그들의 논리는 교회 바깥 사람들이 여가 시간에 교회 내부의 신학적 다툼을 찾아내 이해하는 것 말고는 아무것도 바라지 않는다고 확신하는 여러 교단 교회 지도자들의 논리를 따르는 것처럼 보였다. 그들은 이런 말로 나를 꾸짖었다. "맞아요, 우리 모두 '영적이지만 종교적이지 않은 사람들'에 대해 똑같이 느끼고 있어요. 하지만 당신은 그런 말을 하면 안 됩니다." 그런데 예수님은 과연 이렇듯 업신여기는 상황에서 '그들'이라는 단어를 조금이라도 사용하셨을까? 또한 그들의 전략적인 억지 침묵이 과연 상처 입은 많은 사람들이 아직 스스로 진단해 내지 못한, 하나님이 만드신 구멍으로 그들에게 조금이라도 유익을 줄 수 있을까? 가끔 복음은 솔직한 직면과 함께, 혹은 적어도 약간의 역설과 함께 온다.

저술가로서 또한 설교자로서 고백하건대, 내 옆자리의 그 사람은 여러 경험을 합성해서 만들어 낸 '허수아비'(straw man)였고, 분명 단일 실존 인물은 아니었다. 솔직히 말해서, 어느 순간엔가 산소마스크의 도움이 필요할지 모르는 실제 비행기에서, 내가 마음속으로 했던 다음의 독백을 털어놓음으로써 옆자리 친구를 질책하는 일은 결코 없을 것이다.

영적이지만 종교적이지 않은 석양의 인물이여, 당신의 이야기를 들려주어 고마워요. 당신은 지금 자기중심적인 미국 문화의 규범 속에, 고대 종교는 따분하지만 자신은 독특한 매력을 갖고 있다고 여기는 무미건조한 다수의 사람들 한가운데 안주해 있군요.

믿거나 말거나, 이 내용을 글로 썼을 당시, 내가 가장 좋아하는 저자 중 하나가 쓴 『부족한 것이 없는 사람에게 왜 복음이 필요한가?』라는 책을 나는 한 번도 읽거나 들어 보지 못했다. 나는 독자 여러분이 이 책에서 만난 통렬한 논증을 한 번도 읽어 보지 못했다. 그의 논증은 본회퍼의 '힘 있는 사람'(Man of Strength)부터 폴 틸리히의 '탈교회 시대 구성원'(member of the late church)까지, 내가 만들어 낸 '석양의 인물'까지, 이 모든 것을 앞서 보았던 사람들과 여러분을 연결해 줄 것이다. 이들에 대해 윌 윌리몬은 이렇게 설명했다.

> 안전하고, 만족스럽고, 유능하고, 상당히 행복하고, 풍요로운 그런 힘 있는 사람들은 기독교 신앙의 혜택을 놓쳤다는 사실에 대해 어떤 외견상의 불편함 없이 자기 방식대로 살아간다.… 신앙을 대수롭지 않게 여기면서 상냥하게 "고맙지만, 그런 건 내게 필요 없어요"라고 말하는 사람에게 당신은 무슨 말을 하겠는가?

여러분이 지금 손에 들고 있는 이 책의 5장을 나는 한 번도 읽어 본 적이 없다. 5장은 내가 쓴 책과 아주 비슷하게, 기내가 아니라 파티에서 저자와 잡담에 걸려든 이야기로 시작하는데 그 잡담은 '목회자가 파티에서 자기 직업을 숨기고 싶은 유혹을 받게 만드는 그런 형태의 독백'이다. 또한 나는 윌리몬이 독자들에게 하는 그다음 말도 전혀 읽어 본 적이 없다. "그가 파티에서 내게 했던 말은 독창적이거나 심오하지도 않았다. 그의 말은 악의가 담긴 것은 아니나 짜증스러웠다. 여러분도 전에 그런 문장을 들어 본 적이 있을 것이라 나는 확신한다."

내가 '영적이지만 종교적이 아닌' 사람들에 대해 글을 쓰기 수십 년 전, 윌리몬은 나와 똑같은 질문을 붙들고 씨름하고 있었고, 오래전에 저술된 그의 책은 이제 고전의 반열에 올라 있다. 영적이지만 종교적이지는 않은 사람들(the Spritual But Not Religious)을 기술하기 위해 그 자체의 약어를 사용해도 될 만큼 수적으로 커진 이 집단을 'SBNR'이라고 치칭하기 오래전에, 본회퍼와 틸리히를 비롯한 다른 많은 사람들은 하나님이 자기에게 전혀 필요 없다고 여기는 사람들에게 어떻게 말해야 할지 고심했다. 이제 나는 이 책을 전부 다 읽으면서, 나의 질문과 불만이 전혀 새로운 것이 아니고, 또한 내가 비행기 옆자리에 앉아 있던 사람보다 더 특별하거나 독특한 변증가가 아님을 깨닫는다. 물론 세대마다 약간 다르게 경험하겠지만, 논쟁도 새롭지 않다.

내 경우에는, 종종 성별 혹은 나이와 은근히 관련된 몇 가지 지독한 인신공격이 기억난다. 책의 몇몇 장을 먼저 블로그 게시물에 올린 뒤에 나타난 공통된 반응은, 내가 내 자료를 다양한 경로를 통해 미리 테스트해 본 작가라기보다는 생각 없이 야유와 비방을 늘어놓는 블로거일 거라고 암시하는 것들이었다. "당신은 이 글을 올리기 전에 생각이란 걸 해 봤습니까? 당신은 감정이 약간 누그러질 때까지 기다렸어야 합니다." 그들은 이렇게 말했고, 심지어 혹시 내가 "마술에 걸린 날"은 아닌지 묻는 사람도 있었다.

그들은 내 책의 단어 하나하나가 실제 사람들과 대화를 나누는 가운데, 성령에 의해, 가장 엄정한 최선의 방식으로 편집되었다는 사실을 거의 알지 못했다. 나는 언제나 대화하는 듯한 느낌으로 글을 쓰는 윌 윌리몬에게서 이를 배웠다고 생각한다. 작가라면 누구나 알듯, 이는 어마어마한 수고가 들어가는 글쓰기 형태다. 학술적 논의와 달리, 여러분은 카페와 허름한 술집에서, 그리고 심지어 듀크 채플(Duke Chapel) 같은 설교단에서도 실제로 논쟁이 되었던 사고 관념들의 배후에서 열정을 감지할 수 있을 것이다. 듀크 채플은 윌 윌리몬이 채플 교목 실장으로 오랜 세월 설교한 곳이고, 또한 그가 처음 나를 초청하여 설교하도록 한 곳이기도 하다. 첫 번째 방문 이후에도 나는 여러 번의 초빙 설교를 통해 나만의 글쓰기 아이디어를 발전시킬 기회를 얻었다. 나는 다양한 종교인들로 구성된 독특한 회중에게 아이디어를 주입한 뒤, 꼬리를 내리고 뉴헤이븐(New Haven)이나 시카고, 혹은 요즘에는 아이오와(Iowa)에 있는 나의 집으로 돌아온다.

여러분이 듀크 채플을 알고 있다면, 그곳은 채플(학교 부속 예배당)이라기보다는 대성당에 훨씬 가깝다. 규모와 위상 면에서 엄청난 듀크 채플은 학생들과 정기적으로 모이는 소규모 회중, 그 뒤를 이어 노스캐롤라이나주의 더럼에서 잉글랜드의 더럼까지 엄청나게 많은 여행객을 끌어들인다. 방문객들은 다른 종교의 기념물과 박물관에서처럼 성가를 듣기 위해, 예술품과 건축물을 보기 위해 오고, 심지어 하나님이 지금도 말씀하시는지 보기 위해 방문하는 이들도 있다. 물론 교회 입구에서 누구도 종교적 의도를 검사하지는 않는다.

듀크 채플은 구도자(the seeking)뿐 아니라, 자기가 무언가 잃어버렸다고 생각하지 않는 사람들과도 모두 대화를 나누려고 시도하는 완벽한 페트리 접시(세균 배양용 접시—옮긴이)처럼 항상 나를 매료시켰다. 그래서 나는 오랫동안 시험하고 편집했던 말을 그곳에서 전했고, 그 설교는 마침내 논란의 여지가 있는 장으로 이어졌다. 그 일요일, 예배 후 나눈 대화는 교회에 다니지 않는 여행객들과 정기적으로 예배 좌석에 앉는 사람들이 훨씬 더 많은 공통점을 갖고 있다는 내 직감의 출발점이었다. 그들은 모두 도전 받기를 좋아했고, 역설을 감상할 줄 알았다. 하지만 나는 나중에, 우리 교회 당회를 포함하여 두 집단 모두, 세상이 자기들에게 편협하다거나 별종이라는 꼬리표를 달아 줄까 봐 믿음에 대해 얘기하기가 두려웠고, 따라서 침묵을 지켰다는 견해를 밝힐 것이다. 나는 이런 빛나는 영혼들을 위해 『교회를 위한 변명에 지치다』(*Tired of Apologizing for a Church I Don't Belong To*)를 썼다. 이 책은 듀크 채플에서, 윌 윌리몬이 그 오랜 세월 서 왔던 설교단에서 내가 전한 설교로부터 대화를 이어간다. 이때 나는 초빙 강사로 서도록 나를 먼저 초청해

준 설교단에서 젊은 설교자요 작가로, 여러 도발적인 아이디어들을 먼저 실험해 보았다.

따라서 이 글을 보내기 전에 더 신중하게 숙고했어야 한다고 사람들이 말했을 때, 내 글이 오랜 세월 편집되고 형성되었을 뿐 아니라, 내 설교 인생에서 최고의 비판적 피드백을 받았던 듀크 채플에서 성령에 의해 마침내 하나로 엮였다고 말할 수 있어서 늘 감사했다.

내가 믿기로는, 그 일요일에 듀크에서 작가로서의 자산이라 할 두 집단 모두의 건설적 비판을 얻을 수 있었던 것은 윌의 설교와 글쓰기가 그곳에 만들어 놓은 문화의 결실이었다. 그것은 윌이 이런 책에서 독자들과 함께 만들어 낸 문화인데, 우리가 한두 가지 새로운 사상을 견딜 수 있다고 신뢰하는 까닭에, 당황하거나 심지어 기분이 상할 수도 있는 관점을 우리에게 제시함으로써 우리를 존중해 주는 문화다. 성급하게 공격하고 서로 배제해 버리는 세상에서, 윌은 기발하면서도 관대한 논쟁이라는 예술 양식을 계속 연마하고 있다. 동의하든 아니든, 여러분은 이 책의 주장이 진실이 아니라고는 말하지 못하는 자신의 모습을 보게 될 것이다. 『부족한 것이 없는 사람에게 왜 복음이 필요한가?』에서 여러분은, 윌이 하나님을 사랑하는 목회자로서 솔직하게 자신의 견해를 들고 나와, 주위에 있는 사람들의 말을 경청하고, 그런 다음 그 이야기들을 나머지 우리와 공유한다는 것을 알아챌 수 있을 것이다.

주

2장

1 Colin Morris, *The Word and the Words* (Nashville: Abingdon Press, 1975), p. 21.

3장

1 Dana Prom Smith, *The Debonaire Disciple* (Philadelphia: Fortress Press, 1973), p. 3.
2 Paul Tillich, *The New Being* (New York: Charles Scribner's Sons, 1955), pp. 7, 9. 『새로운 존재』(뉴라이프).

4장

1 William Shakespeare, *The Merchant of Venice, act l*, sc. 3, line 97. 『베니스의 상인』(민음사).
2 Oral Roberts, *The Miracle of Seed-Faith* (Tulsa, OK: Oral Roberts Evangelistic Association, 1970), p. 21.
3 Roberts, *The Miracle of Seed-Faith*, p. 118.

5장

1 Dietrich Bonhoeffer, *Letters and Papers from Prison*, ed. Eberhard Bethge (New York: Macmillan, 1953), p. 209. 『옥중서신-저항과 복종』(복 있는사람).
2 Bonhoeffer, *Letters and Papers from Prison*, p. 214.
3 앞의 책, pp. 209–210.
4 앞의 책, pp. 13–14.

6장

1 "Eucharistic Prayer of Hippolytus" in Lucien Deiss, *Early Sources of the Liturgy* (Staten Island, NY: Alba House, 1967), alt., pp. 38-41.
2 H. Auden, *The Collected Poetry of W. H. Auden* (New York: Random House, Inc., 1945), p. 457.
3 Paul Tillich, *The Eternal Now* (New York: Charles Scribner's Sons, 1963), p. 179. 『영원한 지금』(뉴라이프).
4 John Killinger, ed., *The Eleven O'clock News and Other Experimental Sermons* (Nashville: Abingdon Press, 1975), p. 30.

7장

1 Harry Emerson Fosdick, *The Living of These Days* (New York: Harper & Row, Publishers, 1956), p. 242.
2 Smith, *The Debonaire Disciple*, p. 68.
3 Erich Fromm, *The Art of Loving* (New York: Harper & Row, 1956), pp. 22–23. 『사랑의 기술』(문예출판사).

8장

1 T. S. Eliot, "Choruses from 'The Rock,'" in *The Complete Poems and Plays, 1909-1950* (New York: Harcourt Brace Jovanovich, 1952), p. 106.

9장

1 Mary Jean Irion, *Yes, World* (New York: Cambria Press, 1970), p. 92.
2 Frederick Buechner, *Wishful Thinking: A Theological ABC* (New York: Harper & Row, 1973), p. 25.

옮긴이 **이철민**은 연세대학교 영어영문학과를 졸업하고, 장로회신학대학원에서 신학을 공부했다(M.Div., Th.M.). IVF 학사사역부 간사를 역임했다. 옮긴 책으로는 『IVP 성경주석』(공역), 『IVP 성경비평주석 신약』(공역), 『하나님을 신뢰한다는 것』, 『일곱 문장으로 읽는 신약』, 『모든 사람을 위한 누가복음』, 『모든 사람을 위한 요한복음』, 『모든 사람을 위한 고린도전서』, 『모든 사람을 위한 고린도후서』, 『모든 사람을 위한 갈라디아서·데살로니가전후서』, 『모든 사람을 위한 히브리서』, 『모든 사람을 위한 요한계시록』, 『30분 성경 드라마』(이상 IVP), 『인간이 된다는 것』, 『인생, 전도서를 읽다』(이상 복있는사람), 『UBC 예레미야, 예레미야애가』, 『에브리데이 스터디 바이블』(공역, 이상 성서유니온) 등이 있다.

부족한 것이 없는 사람에게 왜 복음이 필요한가?

초판 발행_ 2022년 8월 22일
초판 3쇄_ 2023년 3월 10일

지은이_ 윌리엄 윌리몬
옮긴이_ 이철민
펴낸이_ 정모세

펴낸곳_ 한국기독학생회출판부
등록번호_ 제2001-000198호(1978.6.1)
주소_ 04031 서울시 마포구 동교로 156-10
대표 전화_ (02)337-2257 팩스_ (02)337-2258
영업 전화_ (02)338-2282 팩스_ 080-915-1515
홈페이지_ http://www.ivp.co.kr 이메일_ ivp@ivp.co.kr
ISBN 978-89-328-1921-1

ⓒ 한국기독학생회출판부 2022

책값은 뒤표지에 있습니다.
무단 전재와 복제를 금합니다.